債権法改正法案と要件事実

法科大学院要件事実教育研究所報第15号

伊藤滋夫 [編]

日本評論社

はしがき

　法科大学院要件事実教育研究所は、2016年11月19日に創価大学において、「債権法改正法案と要件事実・講演会」を開催した。本書は、同講演会のための講演レジュメ、コメント要旨などとともに、講演会における講演・コメント・質疑応答などのすべてを収録したものである（編集の都合上、講演会当時の配信資料、発言内容と少し異なる形となっている部分もある）。

　2009年10月28日に開催された法制審議会第160回会議において、法務大臣から民法（債権関係）の改正に関する諮問第88号「民事基本法典である民法のうち債権関係の規定について、同法制定以来の社会・経済の変化への対応を図り、国民一般に分かりやすいものとする等の観点から、国民の日常生活や経済活動にかかわりの深い契約に関する規定を中心に見直しを行う必要があると思われるので、その要綱を示されたい。」がされ、これを受けて、「法制審議会民法（債権関係）部会」第1回会議（同年11月24日開催）以来5年余にわたり審議が継続され、同部会第99回会議（2015年2月10日開催）において、「民法（債権関係）の改正に関する要綱案」が決定された。その後法制審議会第174回会議（2015年2月24日開催）において、そのとおり同要綱が決定され、同年3月31日「民法の一部を改正する法律案」（以下「改正法案」という）として第189国会（常会）に提出され、現在、国会で審議が継続中である。

　改正法案の各条文を通観すると、現行民法に比較すると、要件事実をその条文の構造（本文・ただし書などの形式）によって示そうとした跡が看取され、法制審議会民法（債権関係）部会における審議においても、要件事実が議論された審議経過が残っている。

　しかしながら、もとより、改正法案の条文のすべてにおいて、その条文構造（形式）が要件事実を反映したものとなっているわけではない（ある意味では、改正法案のような多数の条文について、それを実現することは、そもそも不可能に近いといってもよい）。のみならず、要件事実がその条文構造〔形式〕に反映さ

れていると考えてよい改正法案の条文についても、そのことは改正法案の条文を見ただけでは判明するものではなく、改正法案の制度趣旨などに照らして各条文ごとに検討をした結果、初めて判明することである。その上、重要条文であっても、従来の通説に明らかに反した表現になっているもの（例えば、415条1項の「履行をしない」、541条1項の「履行しない」など）やその表現にもかかわらず解釈に委ねられているもの（例えば、95条4項の「善意でかつ過失がない」は、「善意、有過失を除く」という要件事実となることを排斥するものではないと考えられる。「民法（債権関係）の改正に関する中間試案の補足説明」25頁参照）などがある。

　こうした現象は、上記諮問88号の内容において明言されている「国民一般に分かりやすいものとする」との今回の改正の趣旨、立法で解決するよりは、今後の解釈に委ねた方が適切であると考えるべきものがあるなどの理由から、あながち否定的に見るべきものではない、と考える。なぜなら、何が良い民法かの判断は、多様な要請を総合的に判断して決するべきものであって、要件事実を条文構造（形式）に反映することだけが、その判断基準となるものであるなどとはいえない、からである。

　以上のような改正法案の条文構造（形式）と要件事実の反映との関係を考えれば、改正法案が法律として成立、施行された後においても、要件事実論の研究の重要性はいささかも減ずるものではないことは明らかである。

　改正法案では、現行民法にはない新たな規定も設けられたほか、現行民法にある規定の内容が改められたり、規定の表現が変わっていなくても、考え方が変わっていたりするため、要件事実についても新たな視点から検討し直さなければならないものがある。

　以上のような状況に鑑み、改正法案の要件事実の検討は、民法学の研究上も、実務上も、きわめて重要な課題であるといわなければならない。

　本講演会では、上記のような当面する重要な諸問題について、法制審議会民法（債権関係）部会の幹事も務められ、かつ、2009年秋に法科大学院要件事実教育研究所が開催した「民法改正と要件事実・研究会」にもパネリストとしてご参加いただいた髙須順一弁護士、山野目章夫教授を講師としてお招きし、さらに同部会の幹事を務められた鹿野菜穂子教授、本学の藤井俊二教授にコメン

テーターとして、ご参加いただき、有益な議論を展開していただいている。

　もとより、本書で述べられている意見についても多様な意見がありうるであろうが、それにもかかわらず、本書は、この分野における重要な研究成果として、大きな意義を有するものと信じて疑わない。多くの読者各位に本書の意義が理解されて、活用されることを願っている。

　なお、巻末に山﨑敏彦教授によって作成された「要件事実論・事実認定論関連文献（2016年版）」も収録されている。重要な資料としてご参照いただければ幸いである。

　本書が、このような形で世に出るに至るまでには、講師・コメンテーターの各先生をはじめとして、さまざまな方々に非常なご尽力をいただいた。また、従来と同じく引き続き、日本評論社の中野芳明氏及び毛利千香志氏の一方ならぬお世話になった。ここに記して、そうした皆様方に深い謝意を表する次第である。

2017年3月
法科大学院要件事実教育研究所顧問　伊藤滋夫

債権法改正法案と要件事実——目次

はしがき　i

債権法改正法案と要件事実・講演会　議事録 ——————— 1

　　講演会次第　2
　　参加者名簿　3
　　[開会の挨拶]　4
　　[講演1] 山野目章夫　6
売買・贈与・消費貸借・使用貸借・賃貸借・雇用・請負・寄託・保証
〈構想される新しい契約規範と訴訟における攻撃防御〉
　　第1　約120年ぶりの改正がめざすもの——二つのねらい　7
　　第2　売買——冒頭規定の意義は変わらない　10
　　第3　贈与——冒頭規定の文言の整備　15
　　第4　消費貸借——要物契約と要式行為たる諾成契約の二つのルート　17
　　第5　使用貸借——諾成契約に改められる　23
　　第6　賃貸借——自分の物を賃借することがありうるか　26
　　第7　雇用——使用者の事情による労働困難の解決も維持　27
　　第8　請負——ひきつづき双務・有償・諾成の契約　31
　　第9　寄託——諾成契約となる　33
　　第10　保証——第三者保証の要式行為性の強化　34
　　　民法というテキストが伝えようとするもの
　　　　　——法文の表現と訴訟における攻撃防御　39
　　[コメント1] 鹿野菜穂子　40
　　[講演2] 高須順一　46
債権法改正と訴訟実務
　　第1　新しい錯誤法理——動機の錯誤の明文化と規範的要件の維持　46
　　第2　債務不履行に基づく損害賠償——帰責事由の維持とその変容　53
　　第3　解除制度の再構成——催告解除を維持しつつ無催告解除を統合　57
　　第4　債権者代位権の新しい規律——債務者の管理処分権の存続　66

第5　詐害行為取消権——否認権との平仄、明治44年判例を修正　69
　　第6　終わりに——今回の改正の特徴についての印象　74
　［コメント2］藤井俊二　77
　［質疑応答］　85
　［閉会の挨拶］　91

講演レジュメ　93

講演1レジュメ
売買・贈与・消費貸借・使用貸借・賃貸借・雇用・請負・寄託・保証
〈構想される新しい契約規範と訴訟における攻撃防御〉……… 山野目章夫　94

講演2レジュメ
債権法改正と訴訟実務………………………………………………… 高須順一　108

コメント　123

コメント1 ……………………………………………………………… 鹿野菜穂子　124
　1　はじめに
　2　主張立証責任の分配について
　3　立証対象事実と規範的要件

コメント2 ……………………………………………………………… 藤井俊二　131
　1　はじめに
　2　危険負担について

要件事実論・事実認定論関連文献　135

要件事実論・事実認定論関連文献　2016年版 ……………… 山﨑敏彦　136
　Ⅰ　要件事実論　136
　Ⅱ　事実認定論　145

債権法改正法案と要件事実・講演会

議事録

講演会次第

[日　時]　平成28年11月19日（土）　午後1時～午後5時30分
[場　所]　創価大学本部棟10階第4会議室
[主　催]　法科大学院要件事実教育研究所
[次　第]
　1　開会の挨拶
　　　加賀譲治（創価大学法科大学院研究科長）
　2　本日の進行予定説明
　　　伊藤滋夫（法科大学院要件事実教育研究所顧問）
　3　講演1
　　　山野目章夫
　　　「売買・贈与・消費貸借・使用貸借・賃貸借・雇用・請負・寄託・保証〈構想される新しい契約規範と訴訟における攻撃防御〉」
　4　コメント1
　　　鹿野菜穂子
　　　＊予定では、コメント1も、コメント2と同様に、講演1、2の双方に対応するものとして、講演2の後で行われる予定であったが、都合により、時間的順序のみを変更して、講演1の後に行われた。
　5　講演2
　　　高須順一
　　　「債権法改正と訴訟実務」
　6　コメント2
　　　藤井俊二
　7　質疑応答
　8　閉会の挨拶
　　　島田新一郎（法科大学院要件事実教育研究所長）

（総合司会：伊藤滋夫）

参加者名簿

〈講師〉
高須　順一　　弁護士・法政大学大学院法務研究科教授
山野目　章夫　早稲田大学大学院法務研究科教授

〈コメンテーター〉
鹿野　菜穂子　慶応義塾大学大学院法務研究科教授
藤井　俊二　　創価大学法科大学院教授

〈司会進行〉
伊藤　滋夫　　法科大学院要件事実教育研究所顧問

〈受講者〉
田中　洋　　　神戸大学大学院法学研究科准教授
藤川　和俊　　弁護士・広島大学法科大学院教授

＊受講者については、質疑をされた方のみ、その了解を得て氏名を掲載する。

債権法改正と要件事実・講演会　議事録

　伊藤滋夫　それでは定刻になりましたから、講演会を開催いたします。私は要件事実教育研究所の顧問をしております伊藤と申します。今日は天候の悪いところ、また遠方からもたくさんご参集いただき、ありがとうございます。これから開会いたしますが、まず最初に本学法科大学院の研究科長の加賀譲治教授からご挨拶をいたします。

　［開会の挨拶］

　加賀譲治　本日は、晩秋の本学におきまして、創価大学法科大学院要件事実教育研究所主催の「債権法改正法案と要件事実・講演会」を開催する運びとなりました。本学の法務研究科長を務めております加賀譲治と申します。本学法科大学院を代表いたしまして、お集まりいただいた諸先生方、法律実務家の方々に心より感謝申し上げます。法科大学院生にも集まっていただき、ありがとうございます。

　特に早稲田大学大学院法務研究科教授の山野目章夫先生と弁護士・法政大学大学院法務研究科教授の高須順一先生にはご講演をお願いし、山野目先生には「売買・贈与・消費貸借・使用貸借・賃貸借・雇用・請負・寄託・保証〈構想される新しい契約規範と訴訟における攻撃防御〉」、高須先生には「債権法改正と訴訟実務」と題してご教示いただくことになりました。両先生には、ご講演をお引き受けいただき、心より御礼申し上げます。また、本日は、コメンテーターを慶應義塾大学大学院法務研究科教授の鹿野菜穂子先生と本学法科大学院教授の藤井俊二先生にお願いいたしました。お引き受けいただき、誠にありがとうございました。

　さて、創価大学法科大学院は、開設以来、本学理事会の主導により、学生と教員の努力によりまして、着実に司法試験合格者を輩出してまいりました。無

論、大規模伝統校には及ぶものではございませんが、小規模中堅の法科大学院としての地歩を築くことができているかと自負しております。

　そして創価大学の法科大学院は、開設以来、要件事実教育研究所とその歩みを共にしてまいりました。その営みは、ひとえに本研究所顧問の伊藤滋夫先生に負うところ大でありますが、伊藤先生および所員の教職員の鋭意努力により、これまで毎年シンポジウムないしは講演会を開き、そのすべての内容を日本評論社から出版してまいりました。創価大学法科大学院と言えば、「要件事実研究の法科大学院」と評価されるほどとなってまいりました。今後も、これまでの研究の上に、さらに発展的な要件事実研究の労作が積み重なっていくことを念願する次第でございます。

　本日の講演会が活発な討論の場となりますことを祈り、法務研究科長として一言ご挨拶とさせていただきます。本日は、遠路本学に足をお運びいただき、心より御礼申し上げます。誠にありがとうございました。

伊藤　加賀先生どうもありがとうございます。

　事前に山野目先生、高須先生のご講演のレジュメを前もって配信しておりますので、お手元にあると存じます。鹿野先生と藤井先生のコメントは事前に配付しておりません。これは学会などでもいろんなやり方がありますけれども、ここでは口頭での講演が終わった後コメントをそれについて両先生がなさるというご趣旨で、予めそのコメントを皆さんにお配りするのは必ずしも適当ではないのではないかという考えでお配りしておりません。

　講師の先生のご紹介はもちろんするまでもなく皆さんよくご承知で、コメンテーターの先生のことも皆さんよくご承知のことと存じます。それでは、山野目先生どうぞよろしくお願いいたします。

　　＊山野目章夫、高須順一両講師の講演レジュメは、参加者に事前に配付され、
　　　それらを参照しながら講演が行われている。本書93頁以下を参照されたい。

[講演1]
売買・贈与・消費貸借・使用貸借・賃貸借・雇用・請負・寄託・保証
〈構想される新しい契約規範と訴訟における攻撃防御〉

山野目章夫　ご紹介いただきました早稲田大学の山野目と申します。どうぞよろしくお願い申し上げます。

お手元に私の名前を記した配布資料（本書94頁以下）をお配りしてございます。ご参集の皆様方に事前にお手元に参っているのではないかと理解しております。

主たる演題といたしましては売買、贈与、消費貸借、使用貸借、賃貸借、雇用、請負、寄託、保証。副題といたしまして、構想される新しい契約規範と訴訟における攻撃防御ということでお話をさせていただきます。このような主題でお話をさせていただく趣旨は、その下に骨子として記しております通りでございます。今般、民法の規定の中の債権関係規定について大幅な見直しが行われる運びとなっております。

民法の契約各則のところに並べられている典型契約、皆様方ご案内の通り13個ございますけれども、今般の債権関係規定の見直しが成就する暁にはこの13個のうち実に10個の典型契約につきまして何らかの形の規定の見直しが行われるということになります。そのことは当然、理論および実務に大きな影響を与えてくるものであろうと考えます。そのようなところから本日はこの見直しがされる10個の典型契約から、かなりのものを拾ってお話をさせていただきたいと思います。

加えて、これは契約各則のところに並んでいる典型契約というものとは少し性格が違いますけれども、保証契約に関しても様々な見直しをされることが予定されておりまして、その中でもとりわけ個人保証に関する規律の変更は裁判実務においても大きな影響があるというふうに思われますとともに、社会経済的な背景、文脈との関係でも注目しておかなければいけない問題を含んでいるのではないかと感じます。そこでこれもまた取り上げさせていただきたいと思いました。

これらに関する訴訟上の攻撃防御に関する個別的考察を試み、この作業を通

じ、法文の表現と主張立証のあり方との関係に検討を進めるということをしてみたいと考えます。どうぞよろしくお付き合いを賜りますようお願い申し上げます。

第1　約120年ぶりの改正がめざすもの——二つのねらい

頁をめくっていただきまして第1のところにございますけれども（本書94頁）、約120年ぶりの改正が今般行われることになるわけでありまして、その改正がめざすものということで、もう皆様ご存知のことばかりでいらっしゃるだろうというふうに思いますけれども、復習といいますか、おさらいの意味で経過を簡単に確認するお話を差し上げたいと考えます。

2009年秋、法務大臣による法制審議会への諮問が行われます。2009年秋といいますと、皆様、覚えておられるでしょうか。2009年の夏はですね、大変暑い夏でした。衆議院議員の総選挙が行われまして、それまでの自由民主党と公明党の連立政権から、当時の名称でいう民主党と国民新党と社民党の三党の連立による鳩山内閣が成立したときであります。鳩山内閣の最初の法務大臣である千葉景子法務大臣によって、法制審議会に対してこれからご紹介するような諮問がされます。民主党政権、民主党他の連立政権の成立の直後に行われた諮問ではありますけれども、そのことはよく考えますと実は今般話題になっている債権関係規定の見直しというものが実は政治色のある話ではなくて、むしろ政治色とは距離を置いた、もう少し中立的な色彩のものであるということを裏書きしているものではないでしょうか。法務大臣になってはほぼすぐに諮問が行われていますから。実は法制審議会というものを組織するのには委員幹事の人選等をかなり丁寧に進めるなどの準備が必要であります。ということは、それは自由民主党と公明党の連立政権の段階から、この法制審議会の作業を進めるための準備が始められていて、政権交代があったということを踏まえ、それがあったにもかかわらず、淡々とその日程が進められ2009年の秋の諮問を迎えたというふうに理解をすることができます。この諮問を受け、法制審議会には債権関係規定の見直しをするための専門部会が設置され、そのときから数えて実に5年に及ぶ部会における審議が行われました。

2009年の大臣の諮問は二つの大きな骨子を含むものでありました。そこにお

示しする通りでありますけれども、民法制定以来の社会経済の変化ということがあり、それに対応したものとするため、民法の中でもとりわけ国民生活に影響があるというふうに考えられる契約に関するルールの見直しについて適切な内容を示されたいということでございます。契約に関するルールについて検討してほしいという範囲を示して法務大臣が諮問をしたということは、私たちが見慣れた民法典の姿に引き写して受け止めるとどういうことを意味するかといいますと、もちろん契約でありますから第三編の債権のところについての規定の全般的な見直しが行われることを意味するということは、すぐに想像することができるわけですけれども、それと同時に債権を成立させる根拠となる契約は法律行為でありまして、法律行為がどのような要件の下に有効性が認められ、また取消可能であるとされるかといったような問題についてもルールの適切な見直しをするためには第一編の総則の中の詐欺、強迫、虚偽表示、心裡留保などの諸制度についても見直しの検討をしなければならないということを意味いたします。加えて債権が時間的にどのくらいの長さで存続するというルールにするのがよいか、という観点から消滅時効改革が債権関係規定の見直しの一つの重要な柱にもなってまいります。

　半面において第三編の債権について全部が改正されることになるか、というと、そうではなく、契約に関するルールの見直しということが求められておりますから、事務管理、不法利得、不法行為の規定については契約に関するルールの見直しされることの跳ね返りで若干の技術的な見直しがされる部分はございますけれども、その範囲にとどまるものであって抜本的本質的な見直しはされないということになります。

　債権法改正というと第三編の改正だというイメージを抱きがちでありますけれども、実はこのようにして出入りがあるということを改めて確認しておきたいと考えます。

　法務大臣の諮問は、もう一つ重要なことを言っていました。契約に関するルールとして見直されるものは国民にとってわかりやすいものであってほしいということであります。大臣がこのように要請していたということは間違いのないことでありまして、もちろん、具体的に作業を進め、そしてその成果物を我々が手に取った段階で何をもってわかりやすいというか、はたしてわかりや

すいものになっているか、ということについてはさらに論議が続けられなければなりませんけれども、とにかく標榜されていることとしては国民にとってわかりやすい規律にするということが要請されていたものであります。

これを受けて始められた法制審議会の部会における審議は途中の段階においていくつかのドキュメントを作成して発表いたします。

2013年に中間試案という文書が作られます。2014年の夏終わり頃でありますけれども、もうこの後は大きく内容が変わることはないだろうというふうにみられるという趣旨で要綱仮案という表題のものを作成して公表いたしました。そのうちの中間試案の段階におきましては、一般の意見を問うパブリックコメントも行われております。やがて2015年を迎え、2015年の2月に部会が要綱案、「仮」という字を取った要綱案という文書を採択します。ここで5年にわたるこの専門部会の仕事が終わることになります。

実に長かった審議であります。その場に同席していたある方がいましたけれども、その方のお子さんは初めの時に小学校に入学する時であったけれども、この要綱をまとめた時にはもうじき義務教育の中学校の段階を終わる時期が近づきつつあると、思い返すと長かったですねというお話でした。そこにいる人たちは皆おじさんとおばさんですからあまり年の経過を感じませんが、子供の年齢の進行をみるとですね、あっと驚かされるというようなことをおっしゃる方もおられます。

それから、同じ2015年の2月に法制審議会の今度は専門部会ではなくて総会が開かれまして、ここで総会としてこの要綱案の「案」の字を取りまして要綱としてまとめ、法務大臣へのお答え、2009年の問いかけに対するお答えの文章として法務大臣に答申として渡されることになります。ここで法制審議会の仕事が終わります。

あとは内閣、政府において法律案を起草する作業が行われ、2015年の3月31日の閣議で民法の一部を改正する法律案および関係法律を整備するためのまとめた内容のものになっている法律案のもう1本の、合わせて2本が閣議決定され、直ちに衆議院に提出されました。現在、国会においては、今開かれている臨時会においてこの2本の法律案が衆議院の法務委員会に付託され現実に実質的な審議が始まっているところであります。このまま順調に審議が進めば、衆

議院における議決を経て参議院に送られ、参議院において議了すれば両議院の一致した議決によって、これが法律になる、その日が精密にいつであるかということはもちろんピンポイントの予断は許さないものでありますけれども、しかし国会に提出されているこの2本の法律案が法律になる日はそれほど遠くないというふうに考え、その上でそのことを念頭に置いて勉強を進めていかなければいけないということになるものでありまして、まさに本日はそういうふうな勉強の機会の一つとして皆様方に集まっていただいたということになります。

そのように話が首尾よろしく進んだ場合には、法律がやがて天皇の国事行為として公布をみることになります。法律の附則の定めるところにより公布から最大3年間の周知期間を置き、その間にその皆さんに法律の内容を知っていただいた上でやがて法律が実施されるということになります。法律には経過措置が定められておりまして細かな問題はたくさんルールとしてありますけれども、基本原則は施行日前に発生した債権は現行法により、それ以後に発生した債権については新しい法律が適用されるということになります。ここまでの経過、皆様方ご存知のことばかりであったかもしれませんけれども、確認をさせていただきました。内容に入ります。

第2　売買──冒頭規定の意義は変わらない
1　冒頭規定の意義

第2の売買でございます。売買には冒頭規定の改正はありません。したがいまして、冒頭規定は意義は変わらない、現在それに対してされている理解、およびそれに基づいて行われる裁判実務にこの改正自体が本質的な変更を要請するものではないというふうに理解することができます。少しビジュアルにみていただくために囲みの中（本書95頁）に、当たり前のことですが記しておきますと、例えば建物を売ったとして、売主は代金の支払を望んでいる、という場合には、原告と被告は年月日、本件建物を代金を定めて原告が被告に売る旨の契約を締結した、これ1本が代金の支払を請求する際の請求原因事実でありまして、あとは、よって書きで、原告はこの売買契約に基づき被告に対し代金の支払を求めるということになる。今もこのような理解運用がなされておりますが、今後もこの通り受け止めてよろしいのではないかと感じられるものであり

ます。

2 原始的履行不能の法律関係

そうしますと、この売買のここのところについては変化がないということになりますけれども、何も変わらなかったのかというとそうではなく、かなり本質的なところについて変化・変更がございます。2の見出し（本書95頁）で原始的履行不能の法律関係という話題を取り上げさせていただきます。履行が原始的に不能である場合において現行法の理解を確認しますと、ここについては学説上若干の議論はあります。当然に簡単に無効だというふうに考えてしまってよいということにはなりませんよ、という学説論議もあります。伝統的に、さはさりながら大筋考えられてきたことは給付が原始的に不能であるならばその契約は無効であるというふうに考えられてまいりました。改正が実現すれば給付が不能、原始的に不能であっても無効とは考えない。契約は申込みと承諾によって成立しておりますし、これをこれからは無効原因とは考えないということになりますから契約は有効に成立しているというふうに思考を転換してくださいというお求めを差し上げるということになります。

実は今このような理解の変更が求められていますというふうにお話ししましたが、この原始的履行不能の問題というものは、考えてみますと、現行法もですね、法文が舌足らずで、原始的不能の契約は無効だよ、というふうに正面から述べてくれている規定はありません。学説に異論があるにしても、大筋無効であると考えられていて、通説では解釈で無効だというふうに考えられている。それから改正後どうなるか、というとですね、そこもまた少し面白いのですけど、はっきり原始的履行不能の契約は無効ではなくて有効と考えます、という規定はありません。改正案のどこを探してもですね、そういうふうに正面から言ってくれている規定はありません。しかし改正案の法文をつぶさにみますと、給付が原始的に不能であっても無効とは考えないということがわかる規定が置かれている。それはいくつかありますけれども、一つはそこに示しているように案542条1項1号は契約を解除することができるということを定めている規定でありますが、そこの解除原因の一つには、履行が不能であるときには契約を解除することができるという規定があって、実はこの規定のこの時制に注目

していただきたいものです。「履行が不能であるとき」にはというふうにですね、「である」となっています。現在か過去か未来かについて立ち入らない文体になっているということに注意を払っていただきたいものです。現行法はこれと番号が同じところではありませんけれども、これに当たる問題をどういうふうに規定しているのかというと、「履行……が不能となったとき」には契約を解除することができるというふうになっています。不能になったときは契約を解除することができるということは、契約が成立したときには履行が可能だったのだけれどもその後で不能になったときに契約解除原因になります、ということを伝えていて、この言い方の裏返しというか行間を読んでくださいという要請の下に、契約成立時に既に不能であったときは解除の問題ではない、ということを暗に伝えることによってですね、いやそれは契約としては有効に成立していないというふうに考えるんですね、という思考を導き出すという構造になっています。そこの文言を変更して、繰り返しますが、給付が履行が不能であるときは契約を解除することができる。不能であるとして、いつ不能だったのですかとなると、いやそれはいつでも結構ですということです。契約を締結した時に既に不能だったときであっても契約解除の問題として考えます、ということになりますから、ということは原始的に不能な内容の契約であっても解除の問題になるということは契約としては有効に成立しているのですねという思考に立ち至るということになります。

　まあ、こういうものを国民にわかりやすいというか、ということはですね、議論があるかもしれません。こちらから拝見してると、僕は今「となった」を「である」に変えたという説明をして、ほうっ、て顔で聞いておられてですね、おっ感心したという顔で聞いておられますが、しかしこうして話をして感心してもらうという、それ自体は少し感動的なことであるかもしれませんが、その感動がここでしか与えられないということは、裏返すとですね、法文は必ずしも饒舌ではない、少なくともあまりおしゃべりには語ってくれていないということを意味するものであり、そこはいろいろ評価があるのではないかと思います。

　そこで、その下にありますけれども、どういう攻撃防御になるかといいますと、売主から代金の支払を請求された、というとき買主は既に存在していない

建物の代金は支払いたくない、というふうに考えることでしょう。新しい規律の下では、本件建物は年月日に滅失した、被告は本件の弁論において原告に対し売買契約を解除する旨の意思表示をした、という陳述をすることになるものでしょう。現行法の下でこれと同じ陳述をされるということになりますと、資料の(1)は今も今後も権利障害事実でありますけれども、(2)は余計なことを述べている。現行法の下では意味のないことを言っているということになりまして、失当な陳述であるとされるものであろうと感じられます。改正される規定の下においては、(2)が権利消滅事実の主張として意義をもつということになり、これを述べてもらわなければ解除に達することができないということになるものであろうと思われます。

3　危険負担の法律関係

その次に危険負担との関係というお話を進めてみたいと考えます。

ここまで、給付が原始的に不能であった場合のお話をいたしました。後発的に不能になった場合に関しては、危険負担の規律が現在の規定の下でも働きますが、改正後においてもこれが働くことになります。そこは変わらないですけれども、現在の危険負担の規定の働きによる請求権の消長はどうなるかというと、債務者主義が採られる場合に危険負担が働きますと、給付を請求する権利、反対給付を請求する権利が当然に存在しないことになると理解されています。そこの法的構成、考え方を改め、新しい規律は抗弁権としての危険負担の採用を考えるという法的構成の変更が行われます。すなわち反対給付の履行を請求される債権者は契約を解除して、反対給付の履行請求権を解除することによって消滅させ、また反対給付の履行を拒絶することができるという二つの武器が、この局面における給付の請求を受けた者に与えられるということになります。

二つの武器が与えられるということを、主張の選択的な提示という仕方で可視的にみてみることにしますと、その下のようになります。買主は存在しないこととなった建物の代金を支払いたくない。契約解除で攻めようというときには、建物は燃失した、そして解除をする旨の意思表示をしたということになりますし、危険負担でいくときには、建物は燃失した、その代金の支払を拒む、という陳述をすることになるものでありましょう。この契約解除の時の(2)の陳

述（本書96頁）は、権利消滅事実であるのに対して、危険負担でいったときの(3)は権利阻止事実であると言いますか、さらにもっと言えば(3)は、事実ではなくて権利主張と言いますか権利抗弁と言いますか、権利阻止の効果を引き出すためのそのような陳述であるという性格をもつことになります。二つの武器を使っていただいてよろしくて、二つ並べて出すことが過剰主張、aとa＋bの関係にならないという理解でよいと考えています。(1)(2)の組み合わせと(1)(3)の組み合わせになっておりますから、aとa＋bの関係になっているものではなく、なんと申せばよろしいでしょうか、喩え話をすると、a＋bとa＋cの関係になっているとでも言えばよろしいでしょうか。そのような関係になっていますから、過剰主張であるとして二つ出したときのいずれか一方が失当として斥けられるという関係にはならないと理解しております。

　あと一つ二つ理論を補っておきますと、実はこの新しい危険負担の規律の根拠規定である536条1項はですね、当事者双方の責めに帰することができない事由によって給付が不能になったときには危険負担の抗弁ができますよという規定になっています。法文案の文言にはこの「当事者双方の責めに帰することができない事由によって」というのが入っていますけれども、訴訟における攻撃防御でこれを主張立証しなければならないか、いずれかの当事者が主張立証しなければならないかというと、そういうことにはならないという理解が立案の趣旨であります。にもかかわらずなぜそれを法文に記すか、ということでありますけれども、このあたりが難しいところでありまして、例えばここにお集まりでいらっしゃるような法律の専門家からみれば、これを書かないで、不能になったときは拒めますと書くことのみで、非常にコンパクトな規範の表現として伝達は済むというふうに言えるかもしれません。しかし、やはり民法の規定の読み手は専門家のみではないのでありまして、国民一般が読むものであります。不能になったら拒めます、というふうに書いただけではなぜ突然そうなるのですか、という気持ちを抱いて読む人がいるかもしれない。いやいやそれは地震とか大災害とかそういうことで売主の落ち度ではなく買主の落ち度でもない場合に、家が燃えてなくなったら、どちらが悪いという話ではないですけど、代金を払わないと言えますよというふうなこと、そういう場面を扱っています、と平易に伝えたい。平易に伝えるために、少しここは法文がおしゃべり

になっていると考えていただきたいところでございます。

　それからもう一つお話を付け加えます。実はこの536条の危険負担の法文はですね、「当事者双方の責めに帰することができない事由によって債務を履行することができなくなったときは」拒むことができる、この「なった」という過去形になっていますけれども、原始的に不能であったときにも履行拒絶の抗弁を出すことは認められてよいように思うのですね。解釈としては、後発的な履行不能の場合に限る必要はなくて、原始的履行不能の場合にも適用があってよいのではないか、と私個人の意見としては感じておりますけれども、今後議論のあるところであるかもしれません。お前は法制審議会に居てそのことに気づいたのなら法文もそうすべきであったではないか、というふうにお叱りになる方もいるかもしれませんし、高須先生は気づいていたかもしれませんが、少なくとも私の凡庸な頭では出来上がってから気づいたものですから、そうするとこれは解釈によって今後学者が一所懸命努力していくことであろうなと考える次第であります。

第3　贈与——冒頭規定の文言の整備

　その次の第3の贈与のところに進まさせていただきたい。

　贈与について大きな出来事はありません。冒頭規定の文言の整備というふうにサブタイトルで示しております（本書97頁）。冒頭規定の本質、内容を変えるということはありません。いささか字句が不適当な所がありますから、それを整えるというところにお話は尽きます。

　想像していただきたいですが、銀座とか新宿とか渋谷のですね、きれいなブティックなんかがある場所、あるいは原宿のほうが似合いますかね、ああいうお店が並んでいる所、今日あたり週末ですから、家族連れとかカップルが楽しく散歩をしているかもしれません。私たちはここで勉強していますけれども、楽しく週末を過ごしている人もいると思います。カップルの男性のほうが、あのショーウィンドーに飾ってある素敵なドレスを君にプレゼントしてあげるよと言ったとしましょう。カップルの相手が「わぁ素敵」というとですね、ここで申込みと承諾が合致いたしておりますから、贈与契約が成立したように見えます。

けれども、うるさいことを言い出すことの第一弾として、それは他人物贈与ではないですか、ということがあります。あのショーウィンドーの素敵なドレスを、と言うのですが、そのやり取りをしている時にはまだその贈り手の所有物になっていないですから、他人の物についての贈与約束であるというふうに映りますね、という議論なんかができそうです。

しかし、さらにそれに対してもっとうるさいことを言うと、いやいや民法の法文をよくみてくださいというお話になります。民法の法文の贈与の冒頭規定は自己の財産を無償で誰かに与えるという約束をしたら、それによって贈与が効力を有すると規定しているではないですか。すると、およそ他人物贈与という概念自体が概念として現在の冒頭規定の与える定義との関係で矛盾を孕んだ言い方であって、他人物贈与の概念は、うるさく言うとないのではないですかということになりかねません。そこでカップルがやり取りしているのはそのカップルのお話としては大変楽しくて美しいお話ですけれども、民法の定める贈与ではないといったような屁理屈を述べようとしようとすれば、できないものではないであろうと思うのですね。しかし、それはやはり屁理屈であろうと感じます。本当に「自己の」と書いてあるところを真面目に受け止めてやるとその下の囲みの中で示しているようにですね、被告は年月日、本件動産を所有していた。そして、贈与する旨の契約を締結した。よって贈与を履行せよ、というふうな陳述になりそうですけれども、現在の裁判実務においてもこの(1)の、まあニックネームを付ければ「当時所有」でしょうけれども、これの陳述をしなければならないという理解はされていないと考えます。民法の一般の学説の理解としても、他人物贈与をしたらそれはしちゃいけないものだとか、それは贈与とは呼ばないとかですね、そんな議論をするということは、されていないものであります。こういうあまり意味のないことについて怒鳴り立てて、その細々したことを議論することは、何かロジックの遊戯としては楽しいですけども、でもそれはお話としては楽しいよねというだけの話であって、まともにそれを受け止めて誤解を招くような段取りになってしまいそうな冒頭規定は改めるべきであろうと感じます。自己の財産というところを「ある」財産に変更するということによって当然その囲みの中（本書97頁）で言うと(1)は要らないことが明確になって、(2)(3)を陳述していただければ、贈与履行請求権を訴訟物と

する訴訟の請求原因として十分であるというお話であるべきでありましょう。

なお、贈与との関係で小さいことをもう一つ付け加えますと、書面によらない贈与はキャンセルすることができるという現行の規律は、今後もこの通り内容としては維持されます。ただし、私今キャンセルすることができるというふうに申し上げましたが、概念と言いますか言葉遣いに変更があって、現行法は書面によらない贈与は履行前であれば撤回することができるとなっておりますけれども、これからは解除することができるというふうになります。訴訟において陳述するときなどに法文にフィットした文言を選んでやっていただきたい、ということにはなりますけれども、その限度の話でありまして内容としてそんな大きな話ではありません。

第4 消費貸借——要物契約と要式行為たる諾成契約の二つのルート

次に、第4の消費貸借のほうにお話を進めるということにさせていただきます。消費貸借については実質的な内容としてお話させていただくことがございます。

そこにも副題として要物契約と要式行為たる諾成契約という二つのルートになりますということをお示ししています（本書98頁）。ここのところを丁寧にお話ししなければいけないですけれども、ご存知の通り現行法は消費貸借を要物契約として構成しています。要物契約ではなくしますというふうな印象というか理解を差し上げるお話になってしまうと、私のスピーチが下手だったというか不適切であったということになりますから、ここのところは大事ですからよくお付き合いいただきたいですが、消費貸借は要物契約ではなくなるということではなく、消費貸借は一方においては今まで通り要物契約として成立させることもできる、その部分のルールは現在と同じように維持されます。そして、それに加える仕方で諾成契約として成立させることも、「も」というふうに入りますが、させることも可能である、というもう一つの新しいルートが設けられます。ここは、法制審議会でもたくさん念入りに議論をしました。お金を借りることによって負債を生じさせるような契約を口約束で簡単に成立させるということになって、それでもいいんですか、諾成契約にするということはそういうことです、というふうな問題提起がされ、それを巡って議論を重ねていく

中で、諾成契約として成立させることは妨げないということにするけれども、書面を作成し、もっと正確にいうと書面または電磁的記録を作成するという方式を践むということを経た上で、諾成契約として成立させるということにするということではいかがでしょうか、という提案がされ、それが採択されて新しい規律の提案内容になっています。このようなことでありますから、消費貸借を成立させるルートは二つ設けられる。現在のものと新しく追加されたものとで二つ設けられるということになります。諾成契約であるけれども要式行為であり、つまり要式行為たる諾成契約です、というそのご案内で、うんなるほどというふうにおっしゃっていただける方も多くいらっしゃることでありましょう。ありがとうございます。けれども、ひょっとすると何かピンとこないのですけど、とお感じになる向きがおありでしたら、補足をいたします。ある契約が諾成的に成立するか、そうではなくて要物契約で成立するかという問題と、方式が求められるか求められないかという問題は、縦軸と横軸のように別な次元を交差させる仕方で、それぞれ独立に考えて区別を立てることができる問題でありますから、理論的、体系的におかしいことではありませんし、現在でも例があるということにもお気づきをいただきたいものであります。保証契約は書面によってしなければ効力を有しないとされておりまして、保証契約は諾成契約でありますけれども、要式行為たる諾成契約であります。それからさらに言えば、かなり通常の契約という感覚とは異なる特殊なものであるかもしれませんけれども、婚姻も契約でありまして、婚姻も婚姻しようという意思の合致によって諾成的に成立しますけれども、届出をしていただかなくては困りますという、これはただの書面ではなくかなり重い方式が定められていますけれども、やはり要式行為たる諾成契約ということになりましょう。そのようなものに消費貸借の一方の成立のルートが仲間入りをしてもらうということになります。

　そうしますと、そこのお手元の資料に1として、要物契約として消費貸借が成立する物語、それから2として要式行為たる諾成契約として消費貸借が成立する物語という、二つのルートを考えなければいけないということになりまして、それぞれについてお話をさせていただこうと考えます。

1　消費貸借の成立／要物契約

　まず頁の上半分（本書98頁）にあります要物契約でいったときは、これは今までと同じですから、現在の理解を確認するものになります。貸したお金を返してほしいということで、(1)として、原告は年月日、被告に対し返済期を定めていれば定めて、ある金額を貸し渡したという陳述をするということになりましょう。

　余談を一つお許しください。司法研修所の教材および裁判実務は、ここはほとんど常に貸し付けた、でございます。私の資料は今日は基本的に、ここはこだわって貸し渡したにさせていただきたい。司法研修所の教官にお会いするたびに、貸し付けたをやめて貸し渡したにしてほしいですと、教官とお酒を飲むとその話を出すのですね、向こうはもう聞き飽きたという感じでしょうか、その話は何度も伺いましたし、お話に根拠があることも承知しています、お話は民法の法文を参照すれば貸し付けるではなくて貸し渡すというふうになっているとおっしゃりたいものでしょうけど、それはわかりますが長年蓄積され定着してきた裁判実務でございますからご理解いただきたいと思います、というお話で、教材は結局変わらない、たぶん未来永劫変わらないと思います。私もそれは理解しますから、私のわがままですけども、私の資料は貸し渡すにさせていただきたい（笑）。

　(2)として、これは附帯金の請求はありませんから、元本のみですから弁済期の到来を言う。よって書きで支払を求めるということになる。現在と全く同じでございます。

2　消費貸借の成立／要式行為たる諾成契約

　それに対し、新しい規律が入るとどうなのかということが見出しの2（本書98頁）のところでございまして、構想されている改正の下においては、諾成契約として消費貸借を成立させることもできる。この「も」という字はゴシックにしてもいいくらいかもしれないと考えましたが、なんか叱られそうだと思ったから、普通にこのフォントになっておりますけれども、気持ちとしてはそういうことであり、「も」という字が大事だよ、ということをスピーチでも強調させていただければと思います。ただし、書面または電子的記録をもってする

ことを要するという方式を遵守していただき、方式を遵守したことを請求原因として陳述してもらう必要があります。これは今までの保証契約の場合の扱いと異なりません。

　そうすると次のようになります。原告と被告は書面をもって弁済期を年月日を定め700万円を貸すことを約した。(2)として、基づく交付を言っていただくことになる。(3)として弁済期到来を言ってもらって、よって書きに行くことになります。これは考えてみればそうであるということをこの場にお集まりの皆さんであれば理解していただけることですけど、(2)の陳述は必要であると考えます。諾成契約として認められることになったという問題と、いや諾成で申込みと承諾が合致したのだから、あんた、金返せというふうにすぐに求めることができるかというと、そうではなく、もちろん、契約自体は諾成で成立しましたが、だけど、ここは消費貸借に基づく貸金返還請求権の訴訟物であることを想定している場面ですから、貸した金を返せと言えるためにはその契約の成立の陳述に含むものとしては要求されてないけれども、しかし貸渡しの実行はありました、と述べ、だから渡した物を返してくださいというふうに並べていくのでなければストーリーとして完結しないものでありまして、ですから(2)の陳述を欠く請求原因はよろしくないということになるものではないでしょうか。これは奇異なことを申し上げているのではなく、現在の賃貸借と同じでありましょう。賃貸借契約の終了に基づく目的物返還請求権としての、例えば建物明渡請求権などが訴訟物である訴訟において、賃貸借契約は今でも諾成契約であることはもちろん当然の前提ですが、申込みと承諾によって賃貸借契約が成立した、さあ建物を明け渡せというふうに言う人はいないものでありまして、賃貸借契約を締結した、基づく引渡しとして建物を引き渡した、もちろんそして終了原因を主張立証し、だから建物を返してくださいというふうな立てつけになるものでありまして、同じ構図のことがここで求められていて、(2)は要るであろうと感じられるところであります。

　このことは皆様に受け止めていただけるであろうと考えますが、そうだとすると、これはペーパーに記していない脱線になりますけども、こういうふうにいわば机上で、理論で教室において要件事実をきれいに考えていくときには、この頁の上半分と下半分の話はもう異なる話だねと、理屈で区別できるね、よ

くわかりましたということになるものですけども、実際の裁判実務の現場になったときにですね、特に書記官がいるところに典型的には貸主本人がやってきて訴訟を起こすというときに、私貸した金返してもらってないので返してほしいのですと述べる。まあ、それは当たり前の気持ちであって、それを訴えて訴訟を起こすものですが、専門家でなければ、どの法的構成を根拠にしてどういう請求原因事実を列挙して陳述すればよいかということを精密にすることをしないで来るものですから、だいたいここに書いてあることを皆、言います。お金貸すって話になりました。いやいや口約束じゃなくて書面だって作りましたよ。お金を渡したのです。あれから3年経って弁済期が来ています、返してほしいですというふうに、合意の成立、お金の交付、書面の作成というのは、たいていの場合に当事者のナチュラルな生の訴えとしては言うものであると想像します。今までは要物契約だったという理解でしたから、合意して交付したのですね、ということが主要事実であって、紙で契約書を作りましたと一所懸命言っているけれども、そこは主要事実ではないのであって、書面を作ったときのその書面というのは合意の部分が、あるいは消費貸借の存在そのものが争いになったときにそれを証拠立てる直接証拠、書証ですというふうに、その性質は違いますね、というふうに聞き取って整理して構成していく。構成していくときの構成は一つしかなかったということですが、しかし今度からは、合意が成立しました、お金は渡しました、書面を作りましたという三つ並べられたときに、配布資料の上のルートでいくのか下のルートでいくかを区別した上で、当事者に対し、こういうふうにおっしゃっていることを構成して請求原因として組み立てますけどよろしいですね、というふうに、本人が来た場合には書記官とそういう会話になるでしょうし、あるいは弁護士さんのところに本人が依頼者として訪ねてきたときには、やはり依頼者の方がそのことをこうワーッと訴えたのに対して、弁護士さんが理解した上でどちらの法的構成でいくかということを準備書面、訴状に整えていただいた上で持って行くということになるでしょうね。そうすると、このナチュラルな会話を要件事実的に翻訳して訴状の請求原因に構成していくときにですね、こういうふうに二つのルートになったということ自体はお話としては豊かなことですけれども、その豊かさと向き合っていって、どちらの法的構成であるかを明確にした上でそこから先の話を

進めていかないといけない。特に弁論期日に相手方が出頭しなかった場合においては、そのまんまその訴状に書いてある法的構成を前提として多くの場合について判決に至るということになりますから、どちらでいってもまあ結局お金を返さなくちゃいけないのだからよいのではないですかというわけにはいかないのであって、そこのところはたぶん、新しい法律の規律が運用された特に最初の何年間かは、その依頼者の話を聞き取る弁護士の先生方や当事者本人がやって来たときの話を聞き取る裁判所書記官や最終的には訴状審査をする裁判長において、留意をしていただいて、そういう時期の経過の後に、この消費貸借の成立ルートが豊かになったということが、本当に日本の裁判実務において理解され定着していくということになるものではないでしょうか、というお話を6頁（本書98頁）で差し上げました。

3　消費貸借は継続的契約か

　続きまして7頁（本書99頁）のところですけども、7頁のお話はここでのご案内は省きます。簡単に骨子のみ申し上げますと、今、私はずっと消費貸借契約に基づく貸金返還請求権が訴訟物になる場面を話題にしています、というお話をしてまいりました。実は法制審議会の審議の半分よりも前の時期だったと思いますけれど、中間試案に至る議論の段階の頃までは、消費貸借契約の終了に基づく貸金返還請求権という訴訟物を考えることになるかもしれない、という雰囲気の議論がされていた時期があります。あれが最後までそういう形でいくのであったら、私は何回も手を挙げてそれには反対であるというふうに言わなければいけなかったですが、その考えが部会資料から途中で消えまして消費貸借契約の終了という概念がなくなりました。そこで、従来はそういうことを考えてこなかったはずだよと、私が言わずに済んだものです。消費貸借は、消費貸借契約に基づく貸金返還請求権であって、消費貸借の終了に基づく貸金返還請求権ではないと考えてきたし、その簡明な理解が今後も維持されるべきであると思われます。そのようなことについて大した需要もないのにむやみに考え方を変更するということは、定着した裁判実務の理解を混乱させるから、やめていただきたいということを申し上げなければならなかったところであって、その思い出話がここに書いてあるにとどまります。ですから省きますし、後で

読んでいただければよいですが、骨子は、消費貸借契約というものは終了する契約ですか、という問題の提起ということです。終了するということを問題にするということは、開始して継続しているということが論議で前提にされることになりますが。確かに、賃貸借と使用貸借は開始して継続して終了するものでありましょう。しかし、消費貸借は開始とか継続と終了とかいうことではなく、消費貸借は成立したら、それに基づいて、一種ダイレクトに貸金返還請求権を発生させるものであって、もちろんすぐにお金を返せということにはならず、弁済期の約定があれば、弁済期の約定を陳述立証した上でそれを踏まえて返せということになりますけれども、請求原因そのものを発生させるトリガーというか引き金は、終了がトリガーになっているということではなく、最初に発生した契約がトリガーになっているものではありませんか、というお話です。そう考えることに加えてさらに思考を複雑にするという必要はない、というようなことを考えました。まあしかし、それはそういうふうな法律になったものではありませんし、今日の趣旨からも外れますから、これ以上立ち入らないということにさせていただきます。

第5　使用貸借──諾成契約に改められる

　8頁（本書100頁）に進みます。第5の使用貸借でございます。これについてはサブタイトルにもお示ししておりますように、諾成契約に改められるという大きな考え方の変更があります。一つ前の消費貸借は、現在も要物契約であるという扱いが変えられるものではないという少し複雑なお話を差し上げましたけれども、第5の使用貸借のほうはもうはっきりと現行法の下では要物契約であるものが、今度は諾成契約に改められるというように変更されます。文章3行で囲みの前にご案内しておりますが、諾成契約としてのみ成立が観念される。したがって、その性質は一般の原則に従い申込みと承諾によって認められる。この場面では要物契約と異なり、方式は求められませんから口約束でも構いません。まあその、ただでの貸し借りに書面を作れと言ったら大変なことになりますよね。私たちは確かに土地や建物はあまり簡単に口約束で貸し借りしないかもしれない。それでもしかし、親戚同士なんかは書面を作らないでそういうことをしますよね。ですからそれに書面とか、まして電磁的記録を作れという

ことはちょっと現実としても考えられないですから、方式は求められません。ただし、書面によらない使用貸借は目的物の引渡し前にあって貸主によって解除することができます。ここで解除の概念を使ったということと、あまりその異なる言葉を用いないほうがよいだろうということで、ずっと前にお話しした贈与のところも現行法の撤回の概念が解除に変更されています。まあうるさく言うと、使用貸借は継続的契約ですから、撤回でなくて解除の概念を用いなければいけないという要請の下に置かれるでしょうが、贈与は一回的給付を想定することが普通ですから、撤回でも悪くはなかったように感じますが、そのままにしておくと、やはり読み手に対して解除と書いてあったり撤回と書いてあったりするということが、ちぐはぐな感覚を与えます。法科大学院の授業などで、先生、撤回と解除でどう異なりますかとかいう質問をされて困ることも嫌ですから、そうするとやはりそれは同じような場面は同じ表現で通すということになるものでしょう。

　囲みの中に攻撃防御の構造を簡単に確認しておきますけれども、土地を明け渡せと求められた。この土地は無償で借り受けたものである。もちろん当事者が生の陳述で無償で借り受けたというときには、無償の地上権の設定を受けたという抗弁もありうるかもしれません。けれども、今ここでは使用貸借の抗弁を考えることにしますと、原告と被告は年月日、期間を定めないで原告が被告に対し本件土地を無償で貸すことを約した。同日、土地を引き渡した、だから返さないということになるであろうというふうに思い、そこにそのように記しました。

　それで実はですね、少し白状しておかなければならないことがございまして、はじめこの資料を作成した際は、そこに「貸すことを約した」とあるところを「貸し渡すことを約した」としておりました。「……渡す」というふうに書き入れてしまった自分をみてですね、少し恥じているというか、まあこういうことをするようではダメだな、というふうにですね、やや自分の老いを感じたと言いますか、思うところがあります。これは「貸し渡す」と陳述する必要はないものではありませんか。やはり、貸すことを約した、でありましょう。なぜ老いを感じるなどと皆さんに述べるかというと、思わず「渡す」という言葉を入れてしまったことは、ある無意識の発露のように感じられるからです。私は、

法制審議会の調査審議をお手伝いしていましたから、ここについて劇的な考え方の転換があるということは、意識の表層においてはよく知っているはずです。ずっとこれはみていた仕事でありますから。そのことを論理の次元では、というか、意識の表面のほうではいやというほどわかっているはずですが、その意識の深層というか心の奥底ではですね、私が民法を勉強し始めた時からずっと使用貸借は要物契約でしたから使用貸借は要物的なものだという頭の刷り込みがあります。きっとそれを書いた時の心理として思ってしまったのですね。貸すことを約したで必要十分な意味の伝達になっているではないかと思いますから、このあたりを反省しています。反省していると同時にですね、前のほうにおられるご同僚の先生方はもちろんでありますけれども、とりわけ今日この教室の後ろのほうに座っているお若い皆さん方にお声をおかけしたいですけれども、民法の規定がこのように大きく変わります。これを最終的に支えていって長く歴史において運用していってくださるのはむしろ後ろのほうに座ってらっしゃる皆さん方です。たぶんおそらく明治時代に今の現行法である民法を作った時にも、いえ時にもというか、その時はもっと大変であったと想像します。日本人が物権とか債権とかという言葉すら知らないところで現在の民法を作って、運用を始めました。梅謙次郎先生とか、ああいう偉い方々は、もちろん、理屈ではいろいろなことを全部知って整理してあの法文を作りましたけれども、ご自身の思考だって直前まで江戸末期だったわけですし、さらにその作ったものを使えと言われた大審院判事を筆頭とする全国の裁判官や訴訟代理人を務めた弁護士の先生方の法律家たちがですね、最初は慣れない、よくわからない、理屈はわかったけれどもまだ肌に身につかないという時期を経過して、10年、20年、30年という時間の経過、世代の交代の積み上げの上に今我々が手にして当たり前のように読んでいる民法が出来上がったものではないでしょうか。今度改正されるこの民法も、法文をみてもらって当たり前のようにそれを自然に理解して表現していくということは、たぶん、少なくとも私ではできなくて、それはなぜかというと今みたいなことをやっちゃうからですし、この貸し渡すことを約したみたいな、これからもまた似たようなポカミスを、何回かやりそうな気がします。これはもうこうやって育ってきた僕には完全にそのミスをなくすということは難しくて、本質的には新しい世代に託されて新しい民法の規

律が定着していくということになるであろうというふうに感じます。

第6 賃貸借——自分の物を賃貸借することがありうるか

　第6の賃貸借のほうに進みます。賃貸借の冒頭規定に大きな変更はありません。副題として自分の物を賃貸借することがありうるかとかいうような変な問題提起がされていますけれども、そのようなことも若干触れてみたいです。

　囲みの前4行の文章（本書101頁）を用意してございます。賃貸借は引き続き諾成契約としてのみ成立が観念されることになります。その性質はこれも一般の原則に従って申込みと承諾によって認められ、方式は求められません。冒頭規定が若干文言の変更というか追加がありまして、最初に約することの内容として、使用収益をさせ、させてもらった側が最後は返還するということを約して契約が成立するという、この返還が予定されていて返還義務が内容になるということが、文言上明確にされるということが変わったところ、変わろうとしているところでございます。しかしながら、これは何か内容を変えたものではなく従来の賃貸借も本来的な性質として借りた物を返す義務を負うということは賃借人として当然のことであると考えられてきましたから、内容実質の面で特段の意味はないと考えられます。考えられますから、攻撃防御の構造といたしましても、囲みの中でありますけれども、原告と被告は年月日、期間を定め目的物を原告が被告に対し賃貸する旨の契約を締結したというふうになります。もちろん新しい601条の法文の通りに使用収益させることを約し、それに対して相手方がその使用収益したあと返還することを約したというふうに書いたら間違いか、というと、そういうことはないと考えます。が、そのように丁寧に冒頭規定をコピーペーストして記さないとダメということではなく、今述べたようなことを全部、「賃貸する」という文言概念で包摂し、今までも表現してまいったことでしょうし、これからもそういう扱いでよろしいであろうと思われます。

　(2)といたしまして、基づく引渡しを陳述し、そしてその期間の末尾を経過したことが示されて、返してくれというお話に辿りつきます。

　そんなことで現在とあまり変化がなく、さらに蛇足で申し上げることも現在と変化がないのです。けれども、ついでですから少しこういうことを考えてみ

たいです。と申しますのは、地上権の冒頭規定は他人の土地を使用すると、はっきり他人の土地を借りるというふうに、まあ借りるとは言いませんけれども、他人の土地を使用するということを規定していて、制限物権ですから当たり前ですけれども、所有者ではない者が地上権者になるという組み合わせになりますよということが冒頭規定において明瞭にされています。賃貸借の冒頭規定には他人の物の使用収益をするという規定文言がありません。自分の物を賃借するという事態は特段規定されていないものです。区分所有建物を一棟貸しして、そのうちの一つについて、それを賃借りしている人からまた最初の所有者が賃借りし転借するということは実体としてもたぶんあるであろうと思われます。ですから冒頭規定が触れていないということのみではなく、あるかなり特殊なスキームの下においては自分のものを賃借するということがありえなくはないというようなことにも改めて注意を払い、そのことも改正の前後で変化がないということを確かめておきたいと考えました。

第7　雇用——使用者の事情による労働困難の解決も維持

　第7の雇用にまいります。副題として使用者の事情による労働困難の解決も維持というふうに記してあることの意義は、また後でお話をさせていただきます。

　　4行の文章を囲みの手前で用意いたしました（本書101頁下1行目以下）。雇用の冒頭規定は改正されません。したがって現在と同じで双務・有償・諾成の契約であります。その他雇用について大きく規律内容を本質的に変更している部分はありませんから、そのような意味におきましては契約各則の雇用という規定の並びのところについてこれ以上お話をすることはございません。

　　むしろ雇用との関係ということで、次のようなことに注意をしておきたいと考えます。それは536条2項の適用関係の問題であります。536条は危険負担の規定でありまして、もう既に今日一回話題にしておりますし、雇用から規定の配列としてすごく離れたところにある規定ですね。どちらかというと民法の議論をするときの感覚では、なんだか突然出てきたという印象を与えるかもしれない話の展開ですが、実は労働事件の実務においては536条2項というものは、時に登場します。それが現実に判例形成のような仕方で用いられている、プラ

クティカルに意味をもっている場面は、この雇用との関係であるとすら言ってもよいくらい重要な位置を占めています。536条2項は、債権者の責めに帰すべき事由によって履行ができない、履行させてもらえないという事態になった場合には、普通に反対給付の履行請求というものができると定めます。雇用の場合でいうと、賃金請求ができる、ということを定めている規定であります。あの規定の適用関係についても今後何か変化を及ぼすということになるかというと、そうではなくて、536条2項を用いる仕方で労働者の立場に対して適切な保護を与えてきた労働事件実務は、今後も維持していただきたいというふうに考えられるということでございます。

いささか囲みの中で具体的にみてみようと考えます。会社の都合で工場ラインが止まった。その間の給料を支払ってもらえないとしたらあんまりではないかということで、賃金支払請求権、給与支払請求権を訴訟物とする訴訟が提起されたという場面を想定いたします。

話を続ける前に、ちょっと脱線ですけれども、会社の都合で工場のラインが止まったわけでありまして、これは使用者側の責めに帰すべき事由によって、労働者が労働提供をすることができなくなった、すなわち、債権者の責めに帰すべき事由によって、債務者の履行が困難、不可能になった場面であります。そうすると、そのときの雇用という文脈を離れた一般的な契約総則的な文脈における当事者の救済がどうあるべきかということを考えれば、それは損害賠償か何かで処理されるべきではないですかということも思いつかなくはないですけれども、しかしここの局面は今お話ししたように、賃金支払請求権を訴訟物とする訴訟を提起し、それによって処理をするということが行われている。それはなぜかというと損害賠償請求権を訴訟物とする紛争解決では損害の内容を労働者側が、支払請求をする原告となる労働者側が主張立証しなければいけないということになりますが、損害の立証は理屈からいうとゼロから積み上げていって立証することになりますから、それは労働者に難儀なことを強いることになりかねません。それに対し、働かせてもらえなかった期間の損害賠償ではなく、お約束していただいていた賃金を払ってくださいというふうに請求するということが可能であるならば、賃金がいくらであるかは容易に主張立証することができますから、その権利を行使させる、その権利を訴訟物とする訴訟を

成り立たせることによって、労働者の実質的な保護を図っていこうということが行われてきました。その今までの実務の方法は根拠のあるものでありまして、これが困難になったり、全くできないようなものになったりするようなことは適当ではありません。

　それが今後も維持されることの具体の姿を(1)から(3)に即してみてみますと、原被告は期間を定めないで一定の労働条件に従って労働に従事する、それに対して給料を支払うことを約したという契約の成立が述べられ、(2)のところで、普通の賃金支払請求であるのならば、実際に労働しました、ということがその次の陳述にくるでしょうけれども、ここは労働ができなかったものでありますので、むしろ債権者の責めに帰すべき事由があったということの評価を根拠づける具体的な事実を陳述してもらうということになりますから、例えば、被告はその1か月間経営上の障害により工場の操業を止めたということを原告の側に陳述してもらえれば話としては成り立ちます。現実に労働していなくても、(3)の、よって書きにいって給与支払請求ができるということを考えてみようということでそこに記しました。

　少しご注意をいただきたいところは、この(2)のところです。お名前をお呼びして恐縮ですけれども、伊藤滋夫先生と事前に若干の意見交換をさせていただくチャンスがあり、(2)のところ、まあこういう考え方もあるかもしれないけれどもどうだろうねというお話をいただき、自分もなるほどと思いますから、もう少し考えてみたいというふうに思っております。それはどこかというと、その経営上の障害により、というところです。所詮は、といいますと変な言い方ですけれども、(2)のところは債権者の責めに帰すべき事由が存在したという評価を根拠づける具体的事実として挙げており、その具体的事実として、つまり評価根拠事実の側として最初の、そのいわばサーブの段階でどのくらいまで具体性があるものとして掘り下げて言わなければいけないか、ということについて、いくつかの考えが成り立つであろうと感じます。私がそこに記したように、経営上の障害が原因だったのだというところまで割と深めて具体性をもたせ、原告である労働者の側が言わなければいけない、それしかないという立てつけにしてしまうと、少し困ることが出てきそうです。労働者の側から見えるのは工場のラインを止められたということでしかありません。なぜラインが止まっ

たかということは、企業の取締役会か何かでいろいろな相談をして、うちの経営戦略からいうと何とかだよみたいなやり取りがあってそうなっているかもしれないことを、でも労働者は取締役会に出ているわけではありませんから、そういうふうなことを間接事実とか証拠として挙げなければ述べることができないような話まで、言わなければいけないという側に常に置いておくということが良いですか、という問題があります。そうすると、ここのところは工場の操業を止めたということを言えばよくて、それに対して使用者の側が評価障害事実、債権者の責めに帰すべき事由があったという評価を障害する事実を抗弁として提出してくることになります。抗弁の段階で、いやいやそれはやむを得ない経営判断だったのでこういうのは債権者の責めに帰すべき事由とは言わないというようなことは、使用者のほうがよく知っていることですから、そういうことをまたつまびらかに証拠との近さを十分にもっている人の側から述べていただく、というような攻撃防御というものはある。あるというか、そういうふうなところまで細かく考えて、労働者がこの種の労働事件実務で問題となる訴訟類型において置かれる立場を考え込んでいかなければいけないのではないかと感じます。ここのところをもう少し考え込んでみたいということを留保させていただきます。

　囲みの下のところですけども（本書102頁）、あと一つ今度は要件事実ではなくて実体法のほうのことを補っておきます。もう一つ従来積み重ねられてきた営みとして、民法の規定では、ただし他にそれによって利益を得ている場合にはそれは控除すると規定として明確にルールが示されていますけれども、現実に労働基準法の適用関係に注意する必要があって、休業手当を定めている労働基準法の26条の定めを参酌すれば、平均賃金の6割の部分はたとえその期間他にアルバイトに行っていて収入があったとかいうようなことがあったとしても、このミニマムの6割は削ってはいけないということが現在の法制の下での確立した判例法理になっておりまして、ここに手を付けるような規律変更は今回の民法改正で行われていない。この最低限6割の生活のためのお金は保障してあげるよということは、現実にも労働者のために大切な保護になっていますから、ここの規律の変更はないということも、念押しさせていただかなければなりません。これは536条の法文案がだんだん成文になっていく過程で、とりわけ法

制審議会に対しては、労働事件を中心的に手がけておられる弁護士の先生方から、心配、危惧の声が寄せられたところでありまして、その過程で私も個人として労働弁護団の先生方と議論させていただきましたし、法制審議会の議事録でもそういう議論が残っていると思います。現在の扱いを変更するということにはならない、と考えなければならないところです。

第8　請負――ひきつづき双務・有償・諾成の契約

　第8の請負に進みます。
　請負は、サブタイトルにお示ししているように引き続き双務・有償・諾成の契約であります。その冒頭規定は改正されないということでありまして、そのことから引き続き今日までの扱いが変わらないということになります。変わらないということですから、これ以上、請負についてくどくどとお話しする必要はありませんけれども、念のためこの囲みのところ（本書102～103頁）のみ確認の意味でお話をさせていただきます。囲みの下のところの報酬請求権のことについてさらにいくつかのことを述べておりますけれども、ここはもうお読みいただく通りでございますから、頁の下半分は省かせていただくこととして、囲みの中のみ確認で申し上げさせていただきます。
　仕事の結果に対して報酬を払ってほしいというふうに考えた原告が、(1)として原被告は原告が屋根を修理しこれに対して被告が報酬を支払うという契約を締結したと述べることでしょう。不要式諾成の契約でありますから、契約の成立としてはこの契約を締結したとの陳述で十分であります。しかし現実に請負の報酬の支払請求をするのには、さらに続きます。つまり、この訴訟は単に請負契約の成立が問題になっているのではなく、請負契約に基づく報酬請求権を訴訟物とする訴訟でありますから、それを実際に成り立たせるためには、(2)として屋根の修理を了したという仕事の完成の陳述をしてもらわなければなりません。現在もそうでありますし、今後もそうであろうと考えます。
　請負契約は、一般的に分類すると仕事の成果物が何かその有体物、物のような物理的なものになる場合とならない場合とに分かれると思いますし、成果物が物という形で表現される場合も、請負の仕事の最中は占有が請負人のほうにいっていて、出来上がったものの占有を受け渡すという引渡し、物の引渡しを

要する請負と呼びますが、そういう請負と、そういう引渡しのような契機を要求しないタイプの請負と、というふうに二つに分かれた上で、また二つに分かれていくという、いくつかの形態があります。

　私はちょっと大工さんの知識はあまりもっていないですけど、屋根の修理というものは、屋根の修理を大工さんに頼んだからといって大工さんが建物を占有してはいないのですよね。建物は依然として注文者が住んでおり、屋根の修理にくる大工さんが、こんにちは、お約束の日ですが、と言ってはしごをかけて屋根の上に上がるから、その間、注文者の住んでいる人は、今日は家の中でこうなんかラフな格好しているわけにもいかなくて、ちょっと気を遣うよね、とかってソワソワしますけれども、しかし、占有については一貫して注文者に占有があるものであって、修理を要した建物を引き渡すという陳述をするのがふさわしい場面ではないと考えます。そうすると屋根の修理というものの成果が表現される、達成される必要がありますが、物の引渡しを要しない請負という類型になりますから、そうするとここのところは引渡しを陳述し、あるいは引渡しと請負報酬との引換給付の権利抗弁が出てくるとかいうような問題が議論される場所ではなく、単純に仕事の完成を、修理を了したという仕方で陳述してもらうということではないかと考えます。

　いずれにしても、この(1)の契約成立だけではなくて、(2)の仕事の完成に関わる陳述まであって初めて報酬請求権を貫徹することができるという構造になっているところが、売買との決定的な違いでしょうか。売買の場合には、売買契約が成立したというたった一個の主要事実の陳述で代金を支払えというふうに言えるわけでありますけれども、請負のほうは、請負契約が成立したという一個の主要事実の陳述では足りなくて、かつ仕事を達成したということを言わなければいけないという構造になっているのだろうと思います。この構造の違いというのは要件事実の勉強をされた方は皆さん知っていることなのだろうと思うのですが、民法の実体法の研究などでは、時々あまり強くは意識されていないなというふうに感ずることがあって、そのこととも関係するのです。私嫌いな言葉が一つあってですね、その言葉が嫌いな理由は、私の単なる言葉の趣味ではなくて今の話と関係あるのだと思うのですが、「請負代金」という言葉を使いますよね。まあ実務でも使うものだと思うので、実務で使っているから

「請負代金」って言っていいでしょうと、なんであなたはそんなに目くじらを立てるのですかというふうにお叱りを受けるかもしれないのですが、まず一つ大きな声で言いたいことはですね、法文には法制上は「請負代金」という言葉はありません。請負の時の対価について代金という概念はないのです。代金ないし請負代金と呼ぶから、それだけが原因だとは思わないのですが、無意識のうちに売買と請負って似たようなものだよねというふうに思ってしまうのですけど、違いますよね。請負というのは、契約が成立した後に人がいろいろ手足を動かしたそのことに対する対価ですよということを明瞭に意識していただくためには、報酬支払請求権というようにきちんと法制上の文言を使っていただきたいというふうに感ずるところがあります。判例ですら請負代金の支払があるまで建物の所有権がなんたらかんたらとかと、読んでいると出てきますよね。うーん、いかがなものかというふうな気持ちはいたします。まあでもそれは余談でした。請負の話は申し上げたようにここで止めます。

第9　寄託──諾成契約となる

その次、第9にまいりまして、寄託のお話に進みます。

寄託は大きく変更されることになります。現行法で要物契約であるところが諾成契約に改められます。文章でもお示ししている通り、寄託は諾成契約として成立する契約となる。その成立は、これも通則に従って申込みと承諾によって認められます。方式は求められません。あと変わらないところを申し上げますと有償寄託と無償寄託に分かれることは現行法と同じであります。したがいまして、有償寄託の寄託者が有償寄託ですよ、だから報酬を請求しますよということを求めるためには、報酬の約束がされたということを主張立証しなければなりません。その報酬の支払請求をするという場面、寄託契約に基づく報酬支払請求権を訴訟物とする訴訟の構造をみてみましょう。原被告は報酬を定め、被告が原告に対し動産を保管することを委託する契約を締結した、これは契約の締結の陳述で、今であればこのまま引渡しまで言わなくてはいけませんが、これからは約したという陳述になります。(2)ですが、被告は同日、寄託の対象物を引き渡した、(3)で期間が経過した、よって保管の報酬を支払えというふうな立てつけを考えてみました。

若干考え込んでみたいところを留保として添えるといたしますと、そこの(2)のところです。ここもですね、やや言い訳というか弁解になりますけれども、寄託のあたりまできて少し私が疲れていてですね、このあたり、まあ、目的物引き渡せばいいかなと雑駁に考えたりもしたのですが、けれど、ちょっと待てよ、もしかするとこのあたり危ないねと思っていたところについて、これも伊藤滋夫先生と事前の意見交換をさせていただいて、ここの(2)をいろいろまた考えてみましょうかね、というふうなお話もいただき、結局、お配りしたものにおいては、単に引き渡した、ということでなく、保管に着手したことを陳述するものとしております。寄託というものは、あまり話題になる場面が多くありませんね。むしろ話題になる場合が多いもので挙げると、賃貸借と似ているところがあると思うのですね。物を渡して相手の方に占有がいっているところが。お金を払う向きとか趣旨とかが少し異なるかもしれないけど、お金の支払の問題になる。似ているところがありますね。賃貸借の場合には、基づく引渡しを陳述すればよくて、民法の規定では使用収益させる義務があると言いますけど、本当に使用収益させていたのだった、その間、隙間なく使用収益していたのだったということ自体がその主張立証の対象事実として求められなくて、渡せばその後使っていたよねという主張立証で許される。そういうことが可能であるから、賃貸借と同じにみてしまう、と考えれば引き渡した、でよいものです。引き渡した後は、その後は特に保管したと書いてないけど保管したのは当然だね、というふうに読んでもらえる、ということになるかもしれません。他方ですね、寄託は役務提供型の契約の一つなのですね。そうすると物の保管という特殊な役務ではあるにせよ、本来的に構造は請負と異なってはいけないはずです。請負の場合には一つ前の話題でお話ししたように、仕事をしたということをきちんと述べなくてはいけません。そうすると、受寄者は引き渡してもらっただけで、仕事をしたという陳述になっていますか、という問題があって、ここはやはり引き渡したでは足りなくて、保管したというふうに言わせるべきなのではないか、と感じ始めているところです。

第10　保証──第三者保証の要式行為性の強化

第10の保証にまいります。

第三者保証の要式行為性の強化という副題を示しております。実は要式行為性の強化と記したことの強化という言葉の意味を少しお話ししなければいけないですけども、前のほうの別のところでも申し上げましたとおり、保証契約は今でも要式契約、要式行為です。書面または電磁的記録をもってしなければいけないとされています。446条の2項、3項の規定でございます。それはなぜかというと、保証という契約をする当事者を慎重ならしめるということがあるから、少なくともそれが一つの趣旨だというふうに言われています。ただしかし、それはもっともな話であると同時に、そんなことで慎重になってもらえますかという問題もあります。書面をもって、あるいは電磁的記録を作成すれば慎重になると言いますけれども、保証する人というのは基本的に借りる側のサポーターですから、融資が成り立つか成り立たないか、貸してもらえるか貸してもらえないかという問題がシリアスに問題となっている経済取引の現場において、紙一枚作ればよいでしょうという規律にしておいて、当事者を慎重ならしめる効果がありますというふうに胸を張って言えるのかという問題はかなり深刻に考え込まなければいけません。しかも社会経済の実態に即してみても、とりわけ法人形態をとる企業の社長などの代表者が保証人になる場合も問題なしとはしませんけれども、問題が一番大きいのは第三者がいろいろ言われて断りにくいので保証人になりましたという場面です。もちろん、保証契約をするときにあなたに迷惑をかけるから保証人になってくれという人はいないものでありまして、迷惑をかけないから保証人になってくれと言われ、迷惑はかけられないというふうに思って保証人になりますが、実は多額の負債の肩代わりを請求される。保証契約の履行請求が問題になるときというものは、いわば構造的な錯誤があるというように感覚的には表現されるものではないでしょうか。迷惑はかけられないと思っていたのが必ずかかるわけですから。しかし、それを民法の錯誤とは言わないものであり、やはりそういう状態に至るような、そもそも第三者が保証人になるときを典型例として、ならないように慎重にしていただくため、どういう方策が必要かということが法制審議会で議論されました。
　この規律を採用させるというところまでたくさんの議論の積み重ねがあったし、これについて功績があったのは一言で言えば日弁連です。日弁連が個人保

証の問題をこのまま放置しておいてよろしいかという問題提起をしました。特に日弁連で消費者問題に向き合ってきた先生方からのいろいろな問題提起を受け、それが法制審議会の一つの成果として形になったという側面がございます。側面があったと同時にたぶん、日弁連が求めていた通りのものになっているかというと、そこも実は非常に問題であります。第三者保証というものは、およそ基本的にはしないということを明確なものにしていきましょう、経営者保証であっても、もう少し効力の中身を厳しくコントロールしていきましょう、というものがもともとの問題提起であって、現代社会で起こっている出来事に対して応えていくためにはそこまでいかなければいけないのだろうというふうに弁護士の先生方のみでなくて私もそのように感じます。

　しかしながら、法制審議会の場所っていうものは、日弁連のご主張も出されますけれども、そこに全国銀行協会もおられるし、経団連もいらっしゃる。いろいろな方々の異種合議によってですね、最後は答申がまとめられることになります。おそらく問題提起をいただいた弁護士の先生方からみれば、これからご紹介する第三者保証における公正証書の事前の作成という規律ではまだまだ不十分であるというお気持ちを抱いていらっしゃることでしょう。それはもとよりごもっともなことであって、ここまできたけれどもここで終わりにする問題ではありませんよ、ということを確認させていただいた上で、ひとまず今日のところは、しかし当面の新しい民法の規律がどうなのかということをお話しさせていただくことになります。

1　第三者保証の成立要件に関する新しいルール

　第三者の定義は民法の規定に詳しく書かれていて、法人の理事、取締役、執行役その他の者でない者などと定義されていますけれども、そういう定義を経て、第三者に当たるとされる人が保証人になる場合には、二つの要件がそろっているということを前提として、事前に公正証書を作成しなければ保証契約の効力を認めないという規律が入ります。二つの要件のうちの一つは金銭の貸渡しまたは手形の割引により負担する債務である、それが主たる債務であるということです。それから二つ目は主たる債務が事業のために負担する債務であるということであります。この二つの要件がそろっているときに公正証書がない

ということになりますと、保証契約の効力が否定されます。これが実体法の規律であります。

2 ひとまず理論的に推してゆくと

この実体法の規律を確認した上で、訴訟における攻撃防御のことを考えることにしますと、保証債務の履行を請求する者が原告になって、保証債務履行請求権を訴訟物とする訴訟が問題になる場面を想像してみます。

公正証書を作ってしたのですということが、どこかで攻撃防御に顕われてこなければいけないですが、どの段階でどちら側から述べることになりますか、ということを考えておかなければいけません。規定の趣旨からいって最も保証人保護の趣旨を正当に反映した姿は請求原因の段階で、本件においては公正証書が作成されていますということを陳述してもらうこととし、これがなければ請求棄却になるという構造が一番わかりやすいです。しかし問題はいくつかあってですね、それは先ほどお話ししたように金銭の貸渡しの主たる債務、かつその金銭の貸渡しが事業のために負担するものであるという二つの要件があって初めて公正証書が必要であるという論点が浮かび上がってくるということになります。はたして請求原因事実の他の事実からそれが浮かび上がってくるかというと実はそこが難問であります。二つのハードルのうちの、金銭の貸渡しが主たる債務となっているというほうは、ほとんど常にそれが顕出されると考えます。なぜかというと保証債務履行請求権の請求原因事実においては必ず主たる債務の内容、成立を陳述しなければならないものでありまして、一種のせり上がりによってそのことは明らかになります。ところがその貸し渡された金銭が事業のために負担するものであるかどうかということは通常は明らかにならない。そうすると、公正証書の作成を最初から陳述する必要はないではないかという問題が登場してくるということになります。なりますが、この後、話が二転三転して、いろいろ申し上げた上で、最後は、結局、私はわからなかったという結論になります。ちょっと後でお叱りを受けると困りますから、予告をしておきますけれども。

3 訴訟運営の実際感覚に即して考えると

　公正証書の作成を陳述する必要はないということになりそうでもありますが、実はその主たる債務者が株式会社などの会社である場合には、その陳述するときに本件の保証契約の主たる債務は年月日に株式会社某に対して貸し渡したこれこれの債務であるという陳述が必ず出てきますね。株式会社の借入れというものは必ず事業のために負担するものとして成立した債務であると決まっています。それ以外のことで債務を負担するはずがないですから。そうするとそこで明らかになっているではないかというふうにも言えます。なのですが、しかしまたつべこべ言うとですね、株式会社某に対し、ということは、別にその者が株式会社であったという陳述をしているものではなく、単にその当事者を特定するために言っているにとどまるものでありますから、それは事実の主張立証の陳述とは呼ばないのではないですか、という問題とか、それからさらにうるさく言うと、本件保証契約の当時、会社であったということを述べなければいけないはずでありまして、そこのところだってはっきりしない。本件保証契約の当時ということは、本件貸渡しの当時、会社であったということを言わなければならないはずであって、そこの時的要素といいますか、時的因子の前後関係だって一義的には明確になっていないというような批判が出ることが考えられます。そうこう考えていくと、公正証書の作成を請求原因として最初から陳述させるということは理論的には絶対そうだと言うことは無理かもしれないという気持ちに今なりつつあります。

4 新しいルールの趣旨に立ち返るならば

　なりつつあると同時に、すみません、またひっくり返しますが、しかし規定の趣旨から言えば、もともとそれを最初から言わせることが一番きれいでしょうし、それに、要件事実でぎちぎち話を詰めるから今言ったような話になりますけれど、実際の訴訟の場面では当事者が出てきて主たる債務者は会社ですね、事業のためにやられましたねということはグダグダ言わなくたって最初から明らかであり、だったら公正証書お作りになっていますよね、と確認しなさいよ、ということは、それをやればよい。あなたさっきから時的要素だとか特定だとかうるさいよ、というふうにお叱りを受ければ、それもごもっともである気が

しますね。このあたり、皆さんも一緒にお考えください。私からは、問題提起をしておきたい、ということで、この話の中締めをさせていただきたいと考えます。

民法というテキストが伝えようとするもの
——法文の表現と訴訟における攻撃防御

15頁（本書106頁）にまいります。そのようなことで新しい民法の法文案が示され、国会で審議されているところでございます。最初に、法務大臣が求めた、規定の中味を現代化するということと、そして、わかりやすくするということの二つの目的が達成されたか、その判断は歴史に委ねるしかありません。本日の課題との関係では、しかし最後にこれのみを申し上げておこうと考えます。わかりやすさを追求するということの意味をかみ砕いたときに、読み手が誰であるかということを考えることになります。趣旨を国民一般に明瞭に伝えることがわかりやすさの一つの、あるいは中心的な要素として要請されると考えます。それと同時に、しかしその民法は国民一般が使うと同時に裁判実務家が使うものです。裁判実務家に対して主張立証責任の振合いを誤解のない仕方で伝えるということも、広い意味でのわかりやすさの要素であります。このような要請が共に実現するときには、そういう法文を作ることでよいですけれども、二つの要請がしばしば背馳、矛盾、緊張する関係に立つという関係があります。途中でちょっとお話ししたように、「当事者双方の責めに帰することができない事由によって」と記されている危険負担の536条1項はそれを主張立証することは求めないけれども、国民に対するわかりやすさという観点からそのことをその法文には謳っているということがあります。そういうところは逆に裁判実務家の皆さんに注意をして読んでください、というお願いをしていくということになります。似たようなものをもう一つ挙げますと、債務不履行の損害賠償請求をするとき、現在も今後も番号が変わらない415条は、債務が履行されないときには損害賠償請求ができるということになっていますが、債務が履行されないということは、少なくとも結果債務については積極的に主張立証するところとして求められません。が、これも「債務が履行されないときには」と書くことによって国民にわかりやすく伝えたいという、こちらの要請が考慮さ

れた結果であります。手段債務のときなどはむしろその債務が履行されないとする評価を根拠づける事実を積極的に主張立証することを求めるということになりますから、むしろそのような場合は、この話題にしている二つの種類のわかりやすさというか要請が両立する場面であるかもしれませんけれども、そんなふうにして両立する場合と緊張関係になる場面というものをいろいろご覧いただき、お集まりの先生方にもこれからいろいろ深くご検討いただき、私も勉強いたしますから、引き続きいろいろな機会に意見交換をさせていただく機会を頂戴することが叶いますれば幸いでございます。私のほうで差し上げるスピーチの時間いっぱいとなりました。ご清聴いただきまして、ありがとうございます。

　伊藤　それでは進行予定表に書いてありますように10分間の休憩をします。

（休憩）

　伊藤　講演会を再開いたしますが、皆様にご了解を得たいことがございます。コメンテーターの鹿野先生が急に御用がおできになりまして、ご退席にならなければいけないということになりました。急の御用ができましてそういうことになりました。本来、コメンテーターがお話しになるときというのは、普通の順序でありますと全部のお話が終わってからということなのですが、急に御用ができたということで、順序が違うのですけれども、山野目先生がされたご講演に対するコメントと高須先生がこれからお話しされること（その内容の骨子は高須先生のレジュメに書いてあります）についてのコメントを15分間やっていただいて、その段階で鹿野先生にご退席いただくということになります。どうぞご了解をいただきたいと思います。それでは鹿野先生、どうぞよろしくお願いします。

［コメント１］

　鹿野菜穂子　鹿野でございます。急な順番の変更で申し訳ございません。コ

メントで15分ほど使用させていただきたいと思います。

　債権法改正の法案は民法の契約に関するルール全般を対象にしており、訴訟実務に対する影響も言うまでもなく大きいものと思います。今後の国会審議についてはまだよくわからないという状況ではありますけれども、債権法改正の実現が目前になったこの時期において改めて要件事実という観点からこの改正法を分析し検討することの意義は大きいと思います。この機会を設けてくださった伊藤先生、それから講演者の山野目先生、高須先生にまず御礼を申し上げたいと思います。

　まず全体についてですが、法制審議会の民法部会の審議においては、主張立証責任に関して明確な形で議論された項目というのは、必ずしも多くはなかったのではありますけれども、しかしながら制度全体のあり方および要件論に関する議論は、主張立証責任に関して一定の認識、理解を前提としているものが多かったと思います。おそらくこの後に高須先生もそういうお考えを披露されるのではないかと思いますが、私もその点で理解を同じくしているものでございます。

　また、これも全体に関わる点ですが、改正法案では主張立証責任について条文表現が手がかりになる場合が多いとしても、それだけによるのではなく、その条文の趣旨さらには実体的法規範の構造分析によって主張立証責任が導かれるべきだという山野目先生のご指摘は極めて重要だと私も受け止めております。ただ、今の私の表現は、山野目先生の使われた表現と若干違うので、もしかしたら私に誤解があるかもしれませんけれども、個人的にはこのご指摘に共感しているところでございます。

　以下では、より具体的な質問を申し上げたいと思います。まず、一部の条文は要件事実的な整理から離れたわけですが、そのように離れることによって、はたして本当に国民にわかりやすい条文表現になったのかというと、疑問に思われるところがいくつかございます。例えばということで、536条を取り上げ、1項も少し気になり、私のレジュメでは少し触れているのですが、ここでは2項についてだけ申し上げたいと思います。改正法案の536条2項は従来の同条2項の趣旨を維持するものであり、ただ、1項を債権者の履行拒絶権という形で規定したことにより2項もそれと平仄を合わせて履行を拒むことができない

という規定ぶりにされたのだと認識しているところです。この規定は、売買契約を念頭に置くとその限りではとてもわかりやすいわけであります。しかし山野目先生も既にレジュメの15頁あたり（本書106〜107頁）で指摘されている通り、改正法案の2項は請負や雇用などの契約類型においては条文からは理解が少し難しくなってしまったのではないかと思っているところです。従来のあり方を前提とすると、例えば請負契約については注文者の責めに帰すべき事由による仕事完成不能の場合には、請負人は、請負契約の締結、仕事完成の不能、そしてその不能が注文者の責めに帰すべき事由によることを基礎づける事実を請求原因として報酬を請求するということができるものと考えられます。しかし改正法案が1項との平仄を合わせるために、「債権者は反対給付の履行を拒むことができない」と規定したことから、今まで以上に、この条文から先ほど申したような報酬請求権の発生が基礎づけられるということがわかりにくくなったのではないかと思います。契約類型によっては、条文をその文言から離れて読みかえる必要が生ずるわけです。国民へのわかりやすさにも配慮するということが今回の改正の一つの目的とされたわけですが、少なくとも本条に関していうと、わかりやすさは確保できていないのではないかと私は感じるところです。その点についていかがお考えかを聞かせていただければと思います。

　次に、立証対象事実と規範的要件ということについてコメントをさせていただきたいと思います。まず全体として、改正法案は要件あるいは立証対象の明確化を一方で図りながらも、様々な事案に対応するために規範的要件を多く残し、または新たに盛り込みました。そのことは、規範の柔軟性を維持するという点では長所でもあると思います。おそらく高須先生もそのようなお考えをお示しになるのではないかと思います。この規範的要件との関連で、いくつかの項目に触れたいと思います。一つは、帰責事由についてです。改正法案は、債務不履行による解除の要件は債務者の帰責事由と切り離しましたが、債務不履行による損害賠償請求については、債務者の帰責事由の不存在を抗弁として残しました。帰責事由の存在が債務不履行による損害賠償請求のための請求原因なのではなく、帰責事由の不存在が抗弁だということは、従来の415条の下でも解釈上認められていたのですが、改正法案はその点も条文表現上より明確にしております。もっとも、そこにおける責めに帰すべき事由という概念は、か

つて長らく言われてきたところの過失ということとは区別されるべきだという理解が前提になっているのではないかと思われます。つまり長らく民法の教科書等においては、この責めに帰すべき事由とは、債務者の過失あるいはそれと同視するべき事由を意味すると言われてきたように思いますけれども、今回の改正法案におけるこの責めに帰すべき事由という概念は、過失責任主義を意味するものではないと思うのです。条文では、債務者の責めに帰することのできない事由という概念の前に、「契約その他の債務の発生原因及び取引上の社会通念に照らして」という枕詞が置かれているわけですが、その枕詞が置かれているという点からも、そのような趣旨を伺うことができるのではないかと思うわけでございます。その点いかががお考えかということをお聞かせください。

　それとも関連して、契約の解釈について少し言及させていただきます。改正法案では、契約解釈という項目で取り上げられたわけではないのですが、契約その他の債務の発生原因および取引上の社会通念という一節あるいはそれと類似の表現が、415条だけではなく、例えば412条の2や、541条のただし書など、複数の箇所で用いられているわけでございます。直接この一節を用いていない場合でも、帰責事由を問題にしている箇所にはこれがかかっていると理解することができると思います。そしてこの一節は、契約における履行請求権の限界や損害賠償請求権の限界を検討する際、第一に契約の趣旨が出発点とされるべきことを示していると思われるのですが、この点はどのように理解すればよろしいでしょうか。お考えをお聞かせいただきたいと思います。

　なお415条には、「取引上の社会通念」が、「契約その他の債務の発生原因」と並ぶ考慮要素として掲げられています。この点に関してさらに申しますと、契約の場合には、取引上の社会通念は、本来契約の解釈の中で考慮される要素としての意味が大きいのではないかと思います。ですから、契約の趣旨とは異なるものとしての取引上の社会通念を並べて置く必要があったのだろうかということも若干疑問には思うのですが、ただ契約書に書かれたことだけで決まるのではないということを念のため確認するためにこのような表現が用いられたのだろうと私自身は理解しているところです。この点についても両先生のお考えをお聞かせいただきたいと思います。

　また、従来のいわゆる瑕疵担保責任の規定は契約不適合に関する一連の規定

に置き換えられましたが、ここでも当然、契約が基準になることが条文上もより明確になりました。これらの点をみますと、改正法案では、契約の解釈の役割が今まで以上に重要性をもち、それが主張立証の対象事実においても影響するというふうに思われるのですが、その点はいかがでしょうか。

それから、これを最後にしたいと思いますが、動機の錯誤における表示ということについて、つまり改正法案の95条2項に出てくる動機の錯誤のその動機の表示という要件について一言申し上げたいと思います。従来、いわゆる動機の錯誤の法的顧慮のための固有の要件として、判例においては、「動機が相手方に表示されて意思表示の内容ないし法律行為の内容とされた場合」という定式を用いるものが比較的多くみられました。これを法案において明文化するにあたっては、様々な議論が展開されたわけなのですが、改正法案では結局、「内容化」という文言は用いず、「基礎とされていることが表示されたとき」という表現を用いました。しかし、従来から判例が動機の「表示」の有無を問題にするときには、単に一方の当事者がその動機を相手方に通知した、伝えたということを意味するのではなく、より規範的な観点から、表示されて意思表示ないし法律行為のいわゆる内容になったと評価できるような場合なのかどうかということが判断されていたように私自身は理解してきました。したがって、今後も95条2項にいう「表示」はこのような規範的な要件として捉えるべきではないかというふうに考えているのですが、この点についてはいかがお考えでしょうか。質問させてください。

あとの点もありますけれども、おそらく時間がきたと思いますのでこれで終わらせていただきます。

伊藤 あと2、3分ありますので、ご必要であれば、どうぞおっしゃってください。

鹿野 それでは、改正法案では541条のただし書で、催告解除の主張に対して、不履行が軽微であることが抗弁となることが条文上予定されていますが、この点について一言追加させてください。

改正法案は催告解除と無催告解除の規定を切り分け、催告解除については催

告期間を経過すれば契約解除ができることを原則とし、例外としてその期間が経過したときにおける債務の不履行が軽微であるときは催告を経ていても解除はできないとしました。しかもこれらの解除の規定は、契約不適合による解除の場合にも、少なくとも追完可能性のある場合には適用されることになると思います。さらに売買以外の有償契約にも準用されるということになっているわけです。例えば請負についても、従来の635条は削除され、基本的には解除の一般的な規定によるということが予定されているところでございます。これによって、土地工作物の完成を目的とした請負において、工事が最終工程まで進み一応の完成があったが瑕疵があったという場合においても、注文者はこの解除の一般規定に基づいて解除できる可能性があるということに形式的にはなったのではないかと思います。ただし、この規定の適用の可否は、それぞれの契約の種類、性質、当該契約の趣旨などを踏まえて判断されるべきことになるのだろうと思います。例えば建物の屋根に瑕疵がある場合、瑕疵というのは改正法案では契約不適合ですが、その不適合としての屋根の不具合があったとしましょう。しかも、その不具合は、追完つまり修補が容易かつ十分に可能なものではあるが、このままでは雨漏りがするというような場合において、催告解除がはたしてどこまでできるのかというようなことを考えてみると、なかなか難しいところがあるように思います。後は長くなりますのでこれくらいで終わりたいと思いますが、いずれにしても解除の主張に対する抗弁としての「軽微性」というものも規範的な要件であり、軽微性を基礎づける事実としてどのようなものが含まれるのかということについては今後検討する必要があると思います。その点についても、お考えがあればお聞かせください。

伊藤　鹿野先生、どうもありがとうございました。あるいは講師の方からリプライがあるときは先生がいらっしゃらないところでということになるかもわかりませんけれども、その辺はご了承ください。どうもありがとうございました。それでは高須先生、どうぞよろしくお願いいたします。

[講演２]
債権法改正と訴訟実務

高須順一 弁護士の高須でございます。今、山野目先生から大変に精緻でかつわかりやすいご説明をいただいて、また、鹿野先生から鋭いご指摘、ご質問をいただいた上での私の話ということになりまして、大変、能力不足で恐縮でございますけれども、法制審議会で私も幹事として関わらせていただいた経緯がございますので、山野目先生がお取り上げにならなかった部分につきまして、いくつかご指摘をさせていただきたいと思っております。よろしくお願い申し上げます。

お手元に私のほうのレジュメ、「債権法改正と訴訟実務」というものを用意させていただきました（本書108頁以下）。以下、これに基づいてご説明させていただきます。

第1　新しい錯誤法理──動機の錯誤の明文化と規範的要件の維持

まず錯誤のところを一つ取り上げましょうということでございます。先ほど山野目先生からもご指摘がありましたように、契約法の改正というときに総則、とりわけ法律行為・意思表示の部分は避けては通れない部分であり、大きな改正がなされることになります。いくつもの論点があるところですが、意思表示の瑕疵欠缺のところではやはり錯誤が一番大きな議論になったという印象を有しております。動機の錯誤の取り扱いをどうするかという問題とか、それからさらに言えば錯誤の立てつけと言いますか、どの場合に契約の解消が認められるのかということについて、虚偽表示や詐欺の場合と違って、大きな考え方の違いが出てきたということがございます。第三者保護規定につきましても、従来は明文の規定がなくて、詐欺に関する96条3項の類推適用という解釈が行われていたところでしたが、今回、これを明文化しようということになっております。いろんな意味でこの錯誤のところは大きな改正がなされたという印象をもっております。

念のために条文を書かせていただきました（本書108頁）。皆さん、ご専門家でいらっしゃいますので必要はなかったのかもしれないのですが、私自身の整

理の必要上、最初のところに四角で囲んで法案を書かせていただき、法案の95条がこのような規律に変わる予定ですと書かせていただいております。それ以下のところと合わせながらの説明になりますが、最初の1項で、次の錯誤について取り消すことができると規定し、二つの類型を定めるということが明らかにされております。1項1号が意思表示に対応する意思を欠く錯誤。これは表示に対応する意思を欠くということで、従来から表示の錯誤と言われ、現行の95条が想定していた錯誤であると説明されるところでございます。

　今回の改正による新しい規律としては2号が設けられました。表意者が法律行為の基礎とした事情についてのその認識が真実に反する錯誤と、書きぶりが少し抽象的でわかりにくいのですが、要はこれが従来の動機の錯誤の部分になります。「動機の錯誤」という言葉を今後も使うかどうか、これも実は問題があるやに思われます。研究者の先生の中には、「動機」という言葉を使うと、やはり意思表示の外にあるものというイメージをもたれかねないので、むしろその言葉遣いによるイメージの払拭を図るためにもここは違う用語を用いたほうがよいとして、「事実の錯誤」という言葉を使うべきだと指摘する方もいらっしゃいます。しかし、ここでは、いわゆる「動機の錯誤」ということでご説明させていただきます。

　この二つの類型につきまして、いずれにしてもその柱書のところに出ておりますようにその錯誤が法律行為の目的および取引上の社会通念に照らして重要なものであることが必要である。これは従来、「要素」と言われてきたところでございまして、「要素性」という言葉がわかりづらい、もう少し具体的に書き下しましょうかということでこのような表現がなされているということになります。したがいまして、レジュメ2頁（本書109頁）でございますが、何らかの形で錯誤取消の主張をしようという場合には、2頁の最初のところに四角で囲ませていただいたように、95条1項1号あるいは2号に該当する錯誤が存在する事実をまず主張する。その上で、これまでと一緒ではございますけれども、要素性を併せて主張するということになりましょう。なお、取消の意思表示が新しく必要になるところでございます。従来は無効ということでございましたから、無効主張ということでよかったのですが、今回の95条では取消という構成にいたしますので、取消の意思表示が必要になるということになります。こ

こもこれでいいという方と、わかりにくくなったという方とがいらっしゃいまして、わかりにくくなったという方の意見には、従来、私どももそのように勉強してきたわけですが、意思の欠缺と瑕疵ある意思表示は違うのだと、意思の欠缺自体は意思表示に対応する意思そのものがないのだから無効となる。それに対して詐欺や強迫の場合には、その意思形成過程に瑕疵があるものの、曲がりなりにも意思があるので、それは取消という形で保護の態様を考えるのだという議論でございます。それに基づくと錯誤はそもそもの表示に対応する意思が欠缺しているケースなのでやはり無効ではないかということで、これを取消にするということについての疑問が示されたということでございます。ただ、法制審議会では、その種の議論が行われたわけではございませんで、むしろ従来から判例法理として存在しております片面的無効、錯誤の場合には表意者の保護というのが趣旨であるから、その錯誤した者のみが無効主張をすることができるのだ。そうなると特定の保護の対象となる人のみが主張できる契約の白紙解消のアクションだとすればそれは無効ではなく、むしろ取消と理解すべきである。このような考え方の下に、ここは取消という形で決着したと理解しております。

　ただ、その場合でも動機の錯誤につきましては、動機に錯誤がありました、それで要素性さえ認められれば取消ができるというほど簡単なわけではございません。ここはやはり表意者の保護と同時に相手方の保護ということも従来から言われているように考えなければいけないところでございまして、そこにつきましてはさらに条文に戻っていただきますが、95条の2項のところで前項第2号の規定による意思表示の取消は、その事情が法律行為の基礎とされていることが表示されていたときに限り、することができると規定されます。やはり相手方に対する一定の配慮なるものがここで示されるということになります。これは従来から言われてきたところでございますし、判例法理では、動機が表示されて意思表示の内容となることなどという表現で説明されてきたところでございますので、そのことを意識した規律ということになります。

　鹿野先生から先ほどご指摘をいただきましたが、この表示という言葉が何を意味するのか。文字通りの表示ということでよいのか、もう少し評価的なことを含んでいるのか。これも法制審議会の中で一定の議論は出たところでござい

ます。結論的にはなかなか難しい問題であって、必ずしも定まった方向が見出されたということではないと私としてはそのような印象をもっております。ただ、それだけの議論をしたということ自体、既にこの表示という言葉に様々なものが含まれる余地があるということだと思います。複数の考え方がここは出てくるところなのだろう。今後もこの表示という言葉を規範的に捉えて、もう少しそれに内容を与えるという解釈が出てくるのではないか。現に法制審でも多くの委員幹事の先生方がそういう発言をされていたところでございます。今後の法案成立、施行という段階になった後に実際の裁判等でここがどのような解釈になっていくのかということが問題になってくるところだろうと思われます。

　要素性のところも従来から規範的要件ですと説明されていますが、今の２項の表示という概念も鹿野先生が先ほどご指摘いただいたように、かなり規範的なものと理解する余地はあると理解しているところです。

　その上で95条の３項が、これが従来からありました重過失に関する規律でございます。表意者に重過失がある場合には、原則としては意思表示の取消をすることができませんよと。したがって重過失、重大な過失によるものであった場合というのが、錯誤の主張を妨げる事実になるということになります。ただ今回は３項の１号２号に例外事由を定める。錯誤は要素の錯誤があった場合には取消ですよというのがまず最初の原則になりますから、それに対する第一の修正が重過失の時はこの限りでないとなるわけですが、さらにこの限りでない例外が設けられるということになりまして、相手方自体が表意者の錯誤について知っている、あるいは重大な過失により知らなかったというとき、この場合は保護の必要性がないので表意者に重過失があっても錯誤取消を認める。

　同様に相手方が表意者と同一の錯誤に陥っていたとき、いわゆる「共通錯誤」などという言葉で説明がなされるところですが、やはり表意者に重過失があっても錯誤取消を認める。これも考え方としては従来から認められていたところですので、これらはいわゆる判例法理の明文化という観点からの理解になるのかなと思います。

　要約しますと、３頁（本書110頁）に書きましたように、表意者の錯誤主張に対しては重過失というのが反論になる。その重過失、これはもう規範的要件と

いうことにはなってきますので、その評価根拠事実の主張立証ということになります。表意者はそれに対する評価障害事実を改めて主張、立証するということはもちろんあると思います。

　そして、それとは別のルートとして先ほど説明しましたように、相手方による重過失の主張、立証に対して、表意者は、相手方自身の悪意もしくは重過失あるいは共通錯誤を主張、立証する、こういう構造になってまいります。この考え方は従来からあった考え方だとは思いますが、今回、95条の規律を新しくするにあたり、この点がより明確な形で明文化されたということになろうと思います。

　錯誤の説明としては以上になりますが、一つ、説明を省いたところがございます。2頁目の※1（本書109頁）のところです。表示の錯誤あるいは動機の錯誤の規律を一定の内容の下に盛り込みましたというときに、さらに考えていかなければならないのが、先ほど山野目先生からもご指摘いただいた点でございます。今回の改正では、契約法理の中の原始的不能ドグマというものを修正していく。それとの兼ね合いでいわゆる特定物ドグマなるものも一定の修正を余儀なくされる。現行法ではご承知の通り、483条が特定物の現状による引渡しをそのまま原則として認めているので、いわゆる特定物売買においてはその現状で目的物を引き渡せばよいのだというような考え方が主張されています。これを特定物ドグマなどと言うわけですが、それに対して近時有力な反対があって、特定物売買について瑕疵のある物の給付が瑕疵のない履行であるわけがない、むしろ瑕疵なき物の給付義務があるのだという前提の下に、やはりそういう場合に、その物しかないのだからその物しか渡せませんよ、債務不履行ではありませんよという考え自体は契約法理にはそぐわないのではないか。このような見解が強くなっていて、瑕疵担保責任の法的性質を巡って大きな議論になったところでございます。今回の改正法案では483条が、こんな表現になります。「債権の目的が特定物の引渡しである場合において、契約その他の債権の発生原因及び取引上の社会通念に照らしてその引渡しをすべき時の品質を定めることができないときは、弁済をする者は、その引渡しをすべき時の現状でその物を引き渡さなければならない。」。平たく言ってしまえば、契約等で品質が定められていないときは現状で引き渡せばよいけれども、契約等で定まってい

るときはその定められた品質の通りの物を引き渡す義務がありますよということです。したがって、それを渡さなければ債務不履行が想定されますよという規律に改めるものですので、今回、特定物ドグマ自体も修正を迫られるということになります。いわゆる債務不履行的な構成が前面に押し出されてくるのだろうと思います。そうなりますと少し細かな話で恐縮ですが、この錯誤の場面にも影響が生じることになります。従来は、特定物ドグマが働いていて、特定物売買では物の性質についてたとえ勘違いがあっても、本物だと思っていたのに偽物でしたみたいなことであったとしても、あるいは作者を勘違いしていたとしても、例えば、狩野永徳の屏風絵だと思ったら、実際には息子の狩野光信の屏風絵であったとしても、特定物ドグマを前提とする特定物売買においては、あなたが買おうとした絵はこの絵で間違いないのかという、この絵でというところでは特定がされる限り、効果意思の内容としてはそれで十分だということで、そこには意思表示自体には合致があり齟齬はないと。つまり、契約は成立し本来的に有効である。ただ誰それの屏風絵だと思ったとか、偽物とは思いませんでしたというところは、いわゆる動機の問題として意思表示の外に持ち出されて動機の錯誤の問題として処理されてきたということになります。それが、今回特定物ドグマを前提としない契約観ということになりますと、その物の性質性状に関する認識というのも、本来的に契約内容というべきである。つまり、効果意思の内容となるのではないかということが意識されるようになると思います。この点、実は法制審議会でもあまり議論しておりません。この動機の錯誤のところでも483条の規律を変えることによってだいぶ違う様相が見えてくるよねという話はあまり議論してはいないと思います。ですから、今後の問題にむしろ委ねられるのかもしれませんが、いわゆる物の性質というようなものについても特定物売買の中で今後は―動機の錯誤にとどまらない場合が出てくるのではないか、いわゆる表示の錯誤になりうる場合が出てくるということが今後の問題としては生じうるのだろう。そのあたりはこれからの問題として考えていかねばならないと思っております。

　さらに言えば、この問題は実は契約の成立にまで行き着く問題でございまして、先ほどのように、狩野永徳の屏風絵と買主は思いました。売主は狩野光信の屏風絵と思いましたとなりますと、その物の性質そのものが効果意思の内容

をなす場合、意思表示は合致していないという余地が出てまいります。そもそも特定物ドグマが支配していれば、「この絵」という限りで効果意思が合致していればよかったのですね。ところが、今後はその物の性質そのものに由来する部分も契約の成否の場面においても一定の議論が出てくるのかな。このようなことが、法制審の後でございますけれども、いろんな研修会などをしているときに問題意識として出てきています。注意喚起のレベルというか、だんだんとそういう点が思い起こされてきているというところでございます。このあたりが訴訟実務あるいは要件事実にどのような影響を与えるのかというのが今後の一つの検討課題となると思います。

　ある別の研修会、弁護士会関係の研修会でございますが、その時に、ある裁判官経験者からご教示いただいた内容を受け売りでご説明をいたしますと、おそらく今回の法案555条、山野目先生から先ほど、ご説明のあった売買契約の冒頭規定である555条はさしたる変更はしておりません。したがってある目的物を代金を決めて売る買うという合意をすれば契約は成立すると。この場面において民法上の議論としては今申しましたように、物の性質というものも特定物売買の内容にはなってくるわけでございますが、訴訟提起を考えたときに、現在も請求原因を書くときに、誰々の絵一枚を代金いくらで買ったという記載をしているのであって、今回の改正によっても、それ以上の書き方はおそらく要求されないだろうと。したがって、契約の成立のところで殊更にそれが争点になるとすれば、つまり、被告の争い方によっては契約の成否という場面が問題になることがあるかもしれないけれども、少なくとも請求原因レベルで、今回の特定物ドグマを外したということが即、訴状の請求原因の書き方に影響を与えるわけではないのではないか。このようなことをご指摘いただいております。むしろ、その上で、契約の成立、不成立の問題が被告の争い方によっては顕在化する場合がある。また、契約の成立のところがクリアされた場合にも、今度は錯誤の主張がなされ、そのところで多くの議論が出るということがあるのではないか。私自身もまだ定見をもっているわけではないのですけれども、少なくともこのあたりが問題となり、今後は、今までとは違う発想でそれなりの訴訟実務が形成されていく、またその必要があるところなのだろうと思っている次第でございます。

第2　債務不履行に基づく損害賠償——帰責事由の維持とその変容

　総則のところでは消滅時効なども大きな改正があるところですが、今回は省かせていただいて、むしろその次の履行障害法のところ、債務不履行と解除のところを、説明させていただこうと思います。

　レジュメ4頁の第2のところ（本書110頁）ということになります。鹿野先生からご指摘もいただいておりますように、今回の415条の立てつけでございます。4頁のところですが、表現ぶりは比較的現行の415条に近いものがございます。債務の本旨に従った履行をしないときあるいは履行が不能であるときは損害賠償をしなければなりませんよと。ただし書で、契約その他の債務の発生原因および取引上の社会通念に照らしてという前提を付けた上で、債務者の責めに帰することができない事由によるものであるときは、この限りではありませんよと、こういうふうな表現にしております。要は債務不履行があれば損害賠償だけれども、帰責事由がなければ、わかりやすく言えば免責されるという表現になっています。条文自体としては、今の415条はそういう書きぶりにはなっていませんけれども、我々はそう理解して既に裁判実務などではこの帰責事由の不存在が抗弁事由であると考えています。その考えを前提にすれば、今回の改正法案415条はそれに従った表現ぶりになっているというところでございます。しかしながら、鹿野先生からご指摘をいただきましたように、この債務者の責めに帰することができない事由なるものの内容については、いわゆる故意過失ということとは一線を画すのだ、過失責任主義という観点からの説明ではなくて、むしろ契約によって引き受けていたかいないか、契約内容になっていたかいないか、その効果としては免責されることがあるかどうかという観点から考える。そのことを説明するための前提として、「契約及び取引上の社会通念に照らして」という言葉を付けて、従来の帰責事由とは一線を画すということを示したのだという説明が通例なされるということになります。ここは大きな議論をしたところでございまして、法制審の経緯としては基本的にそういう方向で今回の議論はまとまったというふうに私どもは理解しております。また実務的には従来からそのように考えてきたのではないかと指摘されたところでございます。契約したのだけど品物を約束通りに引き渡せなかったのですよと言って裁判になったときに、過失はなかったのですと言って裁判で争うと

いうことは余程の場面でない限りは普通はしておらない。約束をして守れなければ普通は故意過失があるということであり、無過失を抗弁として実際にそういう形で裁判するということは、それほど意識的になされたことはないのではないか。確かに説明としては過失はないと言葉で表現することはあったかもしれませんけれども、そこで考えていた内容に関して言えば、今回の改正の方向で考えてきた、そこまで契約責任を負わねばならないのかどうかという観点からの検討ではなかったかと思われます。このようなことは実際の実務でも今でもままあったのかなと思います。ですので、そういうことをご指摘される先生からは、それほど大きな実務的変更をするものではないという説明がなされるところでございます。ただ考え方としては基本的な発想の転換になるところでございますので、とりわけ今勉強されているロースクールの学生の方々には、少し奇異に聞こえるかもしれませんけれども、過失責任主義の放棄なのですとかそういう言い方をされることもございます。今話したことの意味するところはまたお考えいただければと思っている次第でございます。その場合にポイントとなる表現が、この「契約及び取引上の社会通念に照らして」という表現です。

　なお、このただし書に、「その他の債務の発生原因」という表現が入っておりますのは、法定債権の場合があるのでそれを意識してのことです。415条は契約だけの規定ではないのでその言葉が入っていますが、契約責任のみを考えれば「契約及び取引上の社会通念に照らして」という言葉になりますので、それをどのように理解するか、ここは契約の解釈というものがおのずと入ってまいりますよねということだろうと思います。

　4頁の下のほう（本書111頁）に書かせていただいたところですが、法制審においても本来的解釈に規範的解釈を加え、それでも契約の意味内容が明らかにならないときは補充的解釈の上、解釈するのだというようなことを明文化しようという、審議をいたしました。かなりのところまで審議をしたのですが、なかなか意見の一致をみることができずに見送られたという経緯がございます。しかしながら、それは解釈の基準が不要であるとか、解釈の必要などがないということで見送られたわけではなくて、むしろ契約の解釈ということがなされる、あるいはなされるべき事柄であるということは当然としながらも、それを

現時点で明文化することに対する一つの危惧でありますとか、言葉は悪いかもしれませんが抵抗感でありますとか、そういったことがむしろ今回の明文化の見送りの理由になったように思います。したがいまして、この規定の必要性がないということではありませんので、いわば書かなくてもわかっているよねというレベルの事柄と捉えれば、今後の実務において、何をもってその契約に照らして、債務者の帰責事由があるのかないのかという判断をすべきか、一定の解釈作業が必要になるということが否定されたわけではないというふうに思っております。

　取引通念の点、先ほど鹿野先生からご指摘を受けております。取引通念もいわば契約の趣旨の中に解消されるのではないか、「及び」ということで並立させる事柄ではないというべきではないか、確かにそのようにも思われます。ただ、取引通念をともかく入れてくれと言ったのは弁護士会でございまして、契約だけに絞り込むことに対する、これは今度は弁護士会の抵抗感でございますが、そうした抵抗感がございました。もう少し詰めて話をすると、契約書の中にすべてが盛り込まれているという考え方に集約してしまうのではないか。契約書がすべてという考えになると、契約書を上手に作れる人がよい思いをする社会になってしまうのではないか。私自身を含め、弁護士会としてはそういう危惧を伝統的にもっております。そこで何らかの、契約書だけがすべてではないのだよという手がかりを条文の中に残していただきたい。法制審の中の議論では、だから「契約の趣旨」なのですよ、「契約書」とは書いていないですよ、それで明らかなのですよというご指摘をいただいております。今日の鹿野先生のご指摘もそういうご趣旨だったと思うのですが、それでも弁護士会はやっぱり心配でございまして、もう少し書き込んでいただけませんかということで、ここで「取引上の社会通念」という言葉を合わせて入れていただいたということでございます。この言葉が活きるのか活きないのか、下手をすれば裏目に出るのか出ないのか、これは今後の問題ということになります。弁護士会がこの言葉が大事だと言った以上、我々弁護士がしっかりとこの表現を大切にしていかなければならないのだろうと思っている次第でございます。契約と一応並立する形で書かれた「取引上の社会通念」の扱いをどうするか、これが今後の訴訟実務の中での一つの考え方、これから考えていかねばならないことになるの

かなというふうに思っております。

　5頁のところの四角（本書111～112頁）です。「契約の趣旨」という言葉を今まで比較的ルーズに使ってきたのですが、実は「契約の趣旨」という言葉は法制審議会で議論をし、一定の定義づけをして条文に盛り込もうとした表現ですという説明です。最終的には「趣旨」という言葉がわかりづらいということで明文化は断念されて、先ほどのような「契約及び取引上の社会通念」という表現になっておるのですが、本来は、「契約の趣旨」ということで規定しようとしたものです。したがって、ここでいう契約という言葉は、本来は契約の趣旨という意味に理解すべきであり、次のように理解すべきなのでしょう。すなわち、合意の内容や契約書の記載内容だけではなく、契約の性質、当事者が当該契約をした目的、契約締結に至る経緯をはじめとする契約を巡る一切の事情について取引通念を考慮して評価判断されるべきものである。「契約の趣旨」という言葉であれば、それはそれでよかったのかもしれないと思っております。ただ「契約の趣旨」という言葉を「契約」という言葉に置き換えますと言われたときに、先ほどのように、「契約と取引上の社会通念」にしてくださいとなったわけです。以上のような経緯で今回の表現は一応落ち着いたというか、法案化されたということだと思います。

　帰責事由の不存在は抗弁であるということは先ほども申し上げましたように、現在の訴訟実務でございますので、この点は扱いを改めるわけではなくて、むしろ実際の扱いに書きぶりのほうを改めたということだと思います。いずれにしても帰責事由という言葉でございますから、責めに帰すべきという、「べき」を使う表現でございますから、当然その言葉だけでおのずと意味がわかるということではございません。規範的な要件の最たるものと言えるだろうと思います。規範的要件とすることに是非の議論があったわけですが、私としては、ここはやはり規範的要件としていろんなことが盛り込めるようにするべきであると、これから長く使う民法415条は極めて大事な規定でございますから、ここはむしろ規範的要件にした上でいろんなものをここに盛り込めるようにすべきではないか、つまり「べき」基準でいくべきではないかと、こだわらせていただいたところでございます。したがって、この内容を支える評価根拠事実あるいはそのさらなる再抗弁事実としての評価障害事実が想定されていることに

なりますし、それをどうするかが訴訟の帰趨を決定するのだろうということになると思っております。

　5頁の2のところ（本書112頁）は、もう皆様には必要のないところかもしれませんけれども、今日の話の趣旨に沿うものでありますので説明させていただきます。規定表現自体には「債務の本旨に従った履行をしないとき」とか「履行が不能であるとき」という文言が入っておりますが、要件事実的に考えればもうご承知の通りでございます。例えば履行しないということは本来の請求原因ではないわけでありまして、むしろ履行期を、そこは「徒過」と書きましたが「経過」ということでございますね。先ほど山野目先生のお話を伺っていてやっぱり言葉遣いは正確にしなければならないということを改めて認識し、ここは反省しているところなのですが、「徒」という言葉を使うと、いたずらにという意味を盛り込まれてしまう危険があります。これは伊藤先生からも事前にご指摘いただいたところでございまして、やはりこれは従来の言い方である「経過」という言葉を使わねばならなかったところです。要は不履行の事実を請求原因にする必要はないという現在の扱いは、今回の改正でも変わるものではないということでございます。ではなぜこの言葉を入れたのだという点です。結局わかりやすさというようなことを意識したということ、裁判の場における、運用の場面、適用の場面のみならず、普通に条文を読んだ人がどういうイメージをもつかということを考えたということでございまして、この点は法制審議会でもそのほうがいいよねということで、あまり議論にはならなかったところだったと思います。そのようなことでございます。債務不履行、415条のところにつきましては今の帰責事由の取り扱い、ここがたぶんポイントなのだろうと思っておりますが、その点についての今後の運用がおそらく大切になってくるのだろうと理解しておるところでございます。

第3　解除制度の再構成——催告解除を維持しつつ無催告解除を統合

　解除のところにさらに進めさせていただきます。これが6頁（本書112頁）ということになります。解除ですが、表題に、催告解除を維持しつつ無催告解除を統合しましたという副題を付けました。法制審の議論で当初この催告解除をどうするかということが非常に大きな議論の対象になりました。催告解除とそ

うでない解除があるという規定内容自体が、解除についての法的な考え方の妨げになっているのではないか、統一した要件を構築すべきではないか。契約を維持することが困難だ、あるいはもう維持する必要がない、そういった場合に解除がなされる。契約関係からの離脱として解除がなされるわけだから、解除の要件としては、契約関係を維持する必要がないとかできないという場合ということになり、催告したかどうかの問題ではないよねと。こう考えますとむしろ法制審の当初の議論の中で出てきた表現ですが、不履行が重大かどうか、いわゆる重大な不履行という要件です。重大な不履行があれば解除できる。重大に至らなければ解除はできない。契約関係の存続を前提とした上での一定の救済が図られるべきである。というような考え方がシンプルでかつ本来的なのではないか。その中で何が重大かどうかの判断基準の一つとして、催告したにもかかわらず履行に応じないということが考慮される。つまり、催告が何らかの判断要素にはなるかもしれないけれども、催告そのものが何か本質的な意味があるわけではないのだよねという考えでございました。そういう考え方から重大な不履行ということをポイントに据えた法改正、これを図ろうという考え方が一つあったと思います。

　これに対し、弁護士会のみならず法制審に参加したある程度のメンバーは、そのような理論的な観点だけでなく現実的な観点も考えなければならない。現在こういうふうに行っていますという観点、もうちょっと言ってしまえば使い勝手という観点から考えたとき、現在の催告解除自体は、催告をしてそれに応じないという状況があれば、それによって解除ができるという比較的クリアで簡便なルールとなっている。これを重大な不履行解除に一元化すると、解除できるかできないかの判断の明確性が失われることになりはしませんかと。このような危惧を表明させていただいて、従来の催告解除という規定はやはり残していただきたい。こういうことが弁護士会選出の委員、幹事などから有力に出たところでございます。

　この解除のところは議論が対立し、なかなか結論が出ませんでした。この一点で、もしかしたら改正が頓挫するのではないかと思うくらい、実は紛糾したところでございます。何度かの審議、5年有余の長い期間をかけた審議の中でようやく改正の方向性が見えてきたのが新しい541条と542条の規律でございま

す。従来の催告解除は、規定としては残しましょうということにさせていただいて、現在の541条解除と比較的規律を同じくするような内容のものが書かれております。相当の期間を定めた履行の催告をしながら履行がなされないとき、要件事実的にはこの不履行の事実は主張、立証の対象事実ではないと思いますが、規定の表現ぶりとしては履行がないとき、そのときは解除ができますという立てつけでございます。催告解除が引き続き残されましたという言い方でよいかと思います。その上で、ただし書が付きまして、軽微である場合にはこの限りではないという規定が明文化されているところでございます。ただ、このただし書も今回の改正の中で新たに設けた規律という趣旨ではなくて、従来から判例法理の中に、どのような表現を用いるかは別として、要素たるものではないとか、契約目的を達成できないほどの不履行ではないとか、言葉遣いとしては判例によりいくつかの表現があるのですが、要は一定の不履行事由については、たとえ不履行がありまたそれについて催告がなされたとしても、解除を認めるわけではないのだと。わかりやすく言ってしまえば、些細な不履行では必ずしも解除を認めるわけではありませんよという判例法理が既に形成されているという指摘を受けて、そうだったらそれを書き込みましょうというのが、このただし書でございます。ですから新たな規律をここで積極的に設けたというよりは、既に存在している考え方をより明らかにする表現ぶりを心がけたということだと思います。問題は軽微という言葉でいいのかどうか。ここが今後の問題でありますし、542条との対比で、この後すぐ皆さんと一緒に考えたいと思っております。いずれにしても541条は、従来の立てつけを維持したということになります。従来の考え方でございますから、繰り返しになりますけれども、最初のところの、「その債務を履行しない場合において」とか、2行目の「期間内に履行がないときは」というのは説明のための表現ということでございまして、この事実自体がいわゆる請求原因を構成するわけではない。原告の主張立証の対象になるような事実ではなくて、ここは従来の書きぶりをそのまま踏襲したということでございます。

　いっそのこと要件事実的に書き換えましょうかという議論も全くしなかったわけではございません。5年間の審議で99回の審議の期日を開いたということがよく説明されます。事実99回やっているのですが、できたらあと1回やって

100回にしたかった。これは余談ですけれども、どうも99っていうのはよくないよねとか、きゅうきゅうとしてとかいろいろ言われちゃうよねって思っているのですが（笑）、ただ実は99回の本来の審議だけじゃなくて、分科会というものを途中で開いていて、三つの分科会を作って、各分科会が6回ずつ議論をしているのです。したがって3×6＝18で18回の分科会を別にやっているのですね。これは少人数で人数を絞って分担して、その代わり深い議論をしましょうというようなことでやらせていただきました。この分科会で解除の要件立てを随分と検討したということがございます。どこまで要件事実を意識した表現にすべきかという、やはり先ほどから出ています、一般的なわかりやすさを意図したときに、あまり裁判で使うときの要件だけを書くのはいかがなものか、裁判規範としての民法だけに特化するのはいかがかという、議論がやはり出ました。それからもう一つは要件事実を言い出すと今度は何がこの場合の請求原因かということをしっかり詰めなければならない。詰めないで、従来こうですというだけで書くわけにはいきませんよねと。もしここではっきりした方針決定をしてしまうのであれば、それは余程の検討を加えた上でなければならないけれども、債権法の全体にわたる改正議論をしている今回の審議においてはたしてそれがどこまで可能なのか、あるいは妥当なのかというようなことも議論になりまして、要件事実の検討についてはさらに実務に委ねるという方針もあるのではないかというような議論も出ました。最終的には、完全に要件事実を意識した改正ということではなくて、従来の表現なども前提としながら、先ほどのような観点も考慮して一定の内容にしてまいりましょうというようなことが方向性として出てきたところでございます。とりわけ解除については、激しい議論をしましたので皆、疲れ切っていまして、最終的にはこの表現であればよいかというような形になったところでございます。

　一応催告解除を維持した上で次に無催告解除の規律を設けましょうというのが法案542条です。現行法ですとむしろ履行遅滞解除と履行不能解除という立てつけになっていると思いますが、いわゆる履行遅滞の場合であっても無催告解除はありえる、これはもう従来から賃貸借の場面にそういう規定があったりとか、解釈によって一定のケースでは履行遅滞の場合であっても無催告解除が認められる場合があるとかということでございましたので、むしろここは催告

解除か、無催告解除かという分類のほうがストレートだろうということで、タイトルも催告による場合とよらない場合として、法律案が作られているということでございます。

　法案の542条は、従来の543条および定期行為と言われる今の542条ですね、これも意識して、かつ民法の他の箇所に規定されている、とりわけ賃貸借あるいは瑕疵担保のところにある無催告解除の条項なども考慮した上で、できるだけ統一的な散発的な規定にならないように一定の規律を設けましょうというところで作られたということだと思います。1号から5号までの事由があれば無催告で解除できますよという立てつけになり、1号が履行不能、履行不能は従来から催告することに意味がないと考えてきたわけですからね。それから2号が不能ではないけれども拒絶の意思が明確なとき。3号が一部の履行拒絶というような場面でございます。一部履行不能、一部履行拒絶といったものです。4号が従来の定期行為と言われるような場合、今からでも履行できないことはないけど、今から履行してもらっても何の意味もないんだよねという、広い意味ではこれも催告する意味のない場合ということになろうと思いますが、それが4号となります。1号から4号までが個別類型的な事柄を規定しておりまして、それを踏まえた上で5号が、法制審ではこれは「受け皿規定」と表現したのですが、より一般的なルールを定めたものになっていると思います。前各号に掲げる場合のほか、債務者がその債務の履行をせず、債権者が前条の催告をしても契約をした目的を達するのに足りる履行がされる見込みがないことが明らかであるときという表現になっております。催告をしても契約目的を達成できないような場合は、これは契約を維持する必要性あるいは妥当性がないわけですから、そこではもう無催告で解除を認めるべきであろう。この5号が受け皿規定で、これがいわゆる一番本質的なルールというふうに理解していたところでございます。

　そんな形で整理すると7頁（本書114頁）でございまして、そこにちょっとした図を掲げさせていただいたところでございます。結局催告解除については軽微性という言葉で、従来からあった判例法理の明文化だという前提には立っておりますけれども、作られた条文の書きぶりは軽微か軽微でないかで解除ができるかどうかの区別がなされている。一方で無催告解除のほうは契約目的を達

成できるかできないかが基準になります。この言葉遣いの違いをどう理解したらよいのだろうか。実はこの点が議論が紛糾した一つの理由だったわけでございます。この表は法制審議会で提出されました部会資料にも掲載されていたものでこれを引用させていただいておるわけですが、法制審での事務当局からの一応の説明としては、やはり軽微という言葉と契約目的を達成できる、できないという言葉には違いが存する。軽微か軽微でないかとなるとやはり軽微な場合というのはかなり限られる。これに対して契約目的が達成できる、できないとなると、達成できないという場合のほうが限られている。つまり、契約目的を達成できるという要件と軽微という要件とはイコールではない。軽微ではないけれども契約目的が達成できるという場面が想定されるのではないか。ということで、図に矢印が下に書いてある部分ですが、催告解除はできるけれども、すなわち不履行は軽微とは言えないけれども、しかし契約目的は達成できるので無催告解除はできないという場面が想定される、つまり、催告さえすれば解除できますよという場面が想定されるのではないか。これが最終的にこの条項が固まってくる段階で部会資料に掲げられた位置づけと言いますか、説明ということになります。催告解除はできるが無催告解除ができない場面がある。つまり、催告解除のみができる場合があるという考え方というのがここで一応示されたということになります。私どもとしては、たぶんそこは本来的にはそうなのだろう、軽微という言葉と契約目的の達成という言葉を使い分けた以上はそのような位置づけになるのだろうと思います。重大な不履行か否かで一元化するという最初に出発点になった議論、重大かどうかの基準で一元的に解除を判断する、催告の有無も重大かどうかの中身の問題として考えようという議論が出発点だったわけですから、最終的な改正法案はそれとは違う立てつけになったのだろうと一応は理解している次第です。

　ただここからが議論の実は難しいところでございまして、先ほど鹿野先生からもご指摘いただいたように、本当にこのモデルでよいのでしょうかということが出てまいります。従来、瑕疵担保責任と言われてきた民法570条は、契約目的が達成できないときは無催告で解除できるわけですが、逆に言えば催告しても解除はできない、瑕疵がいくらあっても解除はできないということで、契約目的が達成できるかどうかというところが解除の唯一の基準だったというふ

うに理解されております。ところが、売主の担保責任のところを改正法案の内容で考えますと、あり方が変わってきます。今日の説明には担保責任のところが抜けてしまっておりますので、十分な説明ができておりませんけれども、改正法案では売主の担保責任、従来の考え方に争いがあったところに決着をつけて、債務不履行構成、契約責任説的な構成で一本化しましょうという形になり、本来の損害賠償および解除ができるという前提を踏まえた上で、追完請求権と代金減額請求権を認めましょうという立てつけになってまいります。そうすると例えば追完請求ができる。修補ですよね。買主が追完を催告したのだけど売主がそれに応じないときに、軽微でなければ催告した以上は買主による解除ができてしまうのではないか。従来は契約目的が達成できないような場合に初めて解除、ということを考えていたのが、今回はそこまでいかなくても、催告してそれで応じなければ解除できるという余地が生まれたということになり、先ほどの鹿野先生のご指摘はそこにあったのだと思います。雨漏りの例をご指摘されて、そこは言葉遣いだけの軽微とかそういう言葉だけで判断してはいけないのではないか、もう少しそこは柔軟に考えないといけないのではないのかというご指摘やに承っておるのですが、ここの軽微という言葉をもう少し柔軟にして、契約目的を達成できる、できないという内容に近づける場面が必要かどうか、これが今後の論点になっていくのかなというふうに思います。

　請負のところの修補に代わる損害賠償のところも実は似たような問題が出てまいります。現在は修補に代わる損害賠償はストレートに認められておりますが、新法ではその種の規定が削除となりますので、まず修補を催告して、それに応じなかったら損害賠償等を考えるかみたいな問題が出てまいります。そこで、修補に応じなかったら、催告したにもかかわらず履行しないということで、いきなり解除ができてしまうのかというようなことが問題になってくることがあると思います。したがって、ここのところの催告解除の立てつけにつきまして、いろんな契約類型、あるいは紛争の場面を考えたときに、ここに書かれているような軽微という表現と契約目的の達成という表現は、どこまで違いがあるのかどうかというところです。違いを強調するだけではなくて、むしろどちらかというとその歩み寄りを図らねばならない場合が出てくるのかもしれない。そんなことも考えています。

そうなると弁護士会が実は最初危惧していた重大な不履行に一本化しちゃうと解除の基準が不明確になるのではないでしょうかという、催告解除ができる、できないの判断が不明確になるのではないでしょうかという議論に実は戻ってくることになります。弁護士会の危惧というのは、要するに依頼者から相談を受けたときに、先生、解除しちゃっていいですかと問われたときに、解除できるとかできないとかということを明確に判断、アドバイスできるようにしたいということだと思うのです。催告さえすれば解除できるよと一言、言ってやりたいよねというようなところが出発点なのだと私自身も思っております。ところが先ほどのような議論をしますと、このところがまた揺らいでくる可能性がある。軽微という言葉がより規範化して、もしかすると催告解除できると思っていたら、軽微だということで解除が否定される場合が訴訟において出てくるかもしれない。でもそういう場面を作らないとよくないかもしれないという議論になるわけですが、そのあたりのところがやや堂々巡りの感があるのですが、難しい問題として残っていると思われます。その意味でも今回の立てつけが必ずしもまだ完成されたものではないのだろうと、ここはこれからの実務的な積み重ねが必要になるところなのだろうと思っております。研究者の方からは、だから最初から言った通りにすればよかったんだよとお叱りを受けることになるかもしれないところでございまして、この点に関する担保責任、つまり、改正法における解除法制をより良いものとする責任は、専ら弁護士会にあると理解しているところですので、弁護士会、私自身も含め一人一人の弁護士が適切な実務運用を心がけなければならないと思っておるところでございます。
　非常にややこしい話をしてしまって申し訳ありませんでしたが、催告解除と無催告解除を二本立てで残した。要件立てとしては軽微という要件と契約目的が達成できないという要件がとりあえずは請求原因あるいは抗弁事由として想定されてくる。いずれも規範的な要件だと思われますが、その規範的な要件の中身としてどれだけの区別をすべきか、あるいはその区別はむしろ相対化される場面があるのか、このあたりが今後の問題として重要となる。以上のようなことでございます。
　なお、帰責事由概念は、ここではもう要件とはならない。現行法も規定ぶりが非常に不明確で、履行遅滞にはこの言葉が入っていなくて履行不能のほうに

だけ帰責事由が入っておるのですが、通常は解除は不履行債務者に対する制裁の手段でもあるというようなことから、債務不履行のすべての類型について帰責事由があくまで必要で、不履行当事者に帰責事由がある場合に初めて解除ができるのだという理解をしていたと思います。しかし、今回はあくまで解除は損害賠償の415条とは異なって、契約関係からの離脱のための制度だと割り切って帰責事由を特に要求しない。契約が守られなければ解除して白紙に戻す、これが解除の制度だろうということになりますので、条文上も必要がないので入っていない。そのような理解ということになっております。

　以上を前提に7頁から8頁（本書114頁）に具体的なことを書いてみましたが、今の説明の中で既に触れておりますので、繰り返しは避けたいと思います。履行の催告をして相当期間が経過すれば、解除しうるというような、先ほど説明したように履行しないこととかは要件事実を構成するものではないのだということをここでは確認しておきたいということでございます。

　それから8頁の一番最初のところ（本書114頁下4行目）の解除の効果を要件事実的にどう考えるかは、もう皆さんにはむしろご説明に及ばずですけれども、学生の皆さんにはこんなことを考えるのですよという説明になります。解除の効果に直接効果説、折衷説、間接効果説の諸説があって、それによって解除の原状回復義務の位置づけ、あるいは履行債務がなくなることの説明づけが異なってまいります。直接効果説だと最初からなかったということになってしまいますからむしろ障害事実なのです。折衷説だとなくなっちゃうということなので消滅事実なのかな。間接効果説だと履行拒絶権のようなものを意識しますから、阻止事実になるのかと。要件事実の授業でやるような説明になってしまいますが、別に改正でこうなるというのはなくて、そんなところが解除の効果をどう考えるかによって影響してまいりますねという話なので、専ら後ろのほうに座っていただいている学生さんの方々に注意だけしておいてくださいねという程度の説明でございます。

　いずれにしても解除のところ、これからの問題になりそうというところがいっぱい残っておりまして、さすがに法制審であれだけ難航した論点だっただけに多くの議論が残されてしまっているという実感です。これからの訴訟実務において、とりわけ催告解除と無催告解除の垣根をどうするかの問題、軽微性と

契約目的不達成の違いをどうするかということが大きな問題になるのだろうということを繰り返しになりますが指摘させていただきます。

次の問題に移りたいと思います。

第4 債権者代位権の新しい規律──債務者の管理処分権の存続

債権者代位権と詐害行為取消権について検討させていただきます。

ここも今回の改正では大きな議論をさせていただいたところでございます。債権者代位権については、むしろ最初に不要論などもあって、制度として残すかという議論がなされたところでございます。本来適用に関して言えば、ご承知の通り債権執行制度がありますので、何も債務名義のない形で債権者代位権を行使して、自らの債権の満足を図るということは制度的に重なっているし、妥当でもないという意見です。そうは言っても、今ある制度でございますし、すべてが債権執行の場面と重なっているとも限らないのではないか。つまり、債務者の第三債務者に対する金銭債権についての代位権利行使とは異なる場面で、債権者代位権が利用されることもあるということで、結論的には債権者代位権も制度としては残しましょうということになりました。

そのような出発点でございましたので、必ず必要ということでもない以上、使い勝手についてもそれほど意識する必要はないという理解で議論がなされました。むしろ本来的にあるべき姿の代位権行使を考えましょうということだったと思います。

その最も象徴的なというか端的な規律が9頁の四角の中（本書115頁）の法案423条の5の規律です。債権者が被代位権利を行使した場合であっても、債務者は、被代位権利について、自ら取立てその他の処分をすることを妨げられない。その下のところに書かせていただきましたが、これは大審院昭和14年5月16日の判例法理の変更になってまいるわけです。現在はこの昭和14年判例によって、債権者が債権者代位権を行使し、そのことを債務者に通知するとかあるいは債務者が了知した場合にはそれによって債務者は管理処分権が制限される、つまり債務者は権利行使できない、あとは代位債権者に任せなさいというような判例法理が形成されているということになります。なんでそうなのかという問題が実はあって、正式な差押えをしたわけでもないのに管理処分権が制限さ

れるっておかしいよねという、執行制度を前提とすればそういう話になるわけですが、それをあえて説明づけようとすれば、兼子一先生がご指摘になったように、私的差押えなんだみたいなことになるのではないかと思います。債権者代位権を行使することによって、司法機関の手によるものではないけれども、債権者自らが強制執行をしたような状況になるわけだから管理処分権の制限が働くのだみたいな説明を、あえてすればそういうことになったのだろうと思います。ただこれはこれで、やはりなぜ私的差押えができてしまうのかという問題に行き着くわけでございますので、必ずしも今回の改正でその判例を前提にせねばならないという議論にはなりませんでした。むしろ、いくら債権者代位権を行使しても、それのみで債務者の管理処分権が奪われるはずはない、その点を前提とした代位権制度にするべきではないか、これが今回、423条の5の規律が設けられた趣旨ということになります。したがいまして、仮に債権者代位権が行使されるあるいは代位訴訟が提起された場合でも、その後にあっても債務者は権利行使ができるということになります。権利行使はできますが、そうは言いましても債権者代位訴訟が既に係属している段階で債務者が改めて別訴提起をすれば重複訴訟ですね。重複訴訟は既判力の抵触その他ややこしい問題がありますので、重複訴訟はだめですよと。これは法制審でもはっきりと確認されているところでございまして、債権者代位訴訟が提起された場合において、その後に債務者が権利行使をしようとなれば別訴提起はできませんので、訴訟参加という形での権利行使になるのだろうと、とりあえず想定されるところでございます。

　この条文についてさらに考えなければならないのが、仮に、本来であれば債務者の権利でございますから、債務者が権利行使した以上は専ら債務者に委ねるべきではないのかという点です。債務者が権利行使しないから債権者が代位権行使をする。事後的な権利行使が今回否定されないとなると、債務者が自らの権利を行使した以上、先行する債権者代位訴訟はどうなるのか、引き続きこれを維持する必要はあるのかという問題が出てまいります。今回の改正法案にはそのことまでの記述はないのですね。仮に権利行使した場合には債権者代位訴訟は、例えば取り下げられたものとみなすとかなどという規定は全くありません。ですから、引き続き代位権行使ができて、債権者による代位権行使と債

務者による権利行使が併存するとも考えられますし、反対に、債務者自身が権利行使した以上は債権者の代位権行使は認められなくなるという議論も考えられます。ただ、それについては法制審でも明確には議論しておりません。訴訟になってくると民事訴訟法の問題ということもあり、民法の中で一律に定めるというのは難しいだろうということが背景にあったように理解しております。ここは今後の解釈に委ねられるところだと思います。全く私の私見の域を出ませんが、今回このような規律を設けたと申しましても、あくまで423条の5は事後的に債務者が権利行使をすることを否定しない、そのこと自体を可能にするという規律でございますから、それはもちろんそうだとしても、だからといって、いわば返す刀の形で、先行する債権者代位訴訟自体が遂行できなくなるとまで考えることはできないのではないか。そこまでの議論はしていないというふうに私は個人的には理解しております。ですからその意味では債権者代位訴訟において債務者が権利行使したということを、被告が抗弁とするようなことにはならないのだろう。請求原因を覆すような事情にはならないのだろうと理解しております。その上で代位債権者および債務者の権利行使の形態をどのようなものとして認めるか、つまり訴訟参加のあり方をどのように考えるかの問題となるというふうに理解しております。このあたりが9頁の最後のところ（本書116頁）ですね。債権者代位訴訟提起後に、債務者が自ら権利行使したとしても、それをもって、被告たる第三債務者が何らかの抗弁を主張しうるものではないと考えております。これは私見でございますので、そうなっておりますという説明ではありませんので、これからの議論の展開をご確認いただくということになるのかなと思います。

　10頁（本書116頁）の2のところは確認でございます。以上とは異なり、代位権行使に先立ってそもそも債務者が権利行使していた場合はどうなのでしょうかという問題です。これは現行法でもあることでございまして、債権者代位制度はあくまで債務者が権利行使をしない場合に、債権者が債務者に代わって被代位権利を行使するものでございますから、そういう意味では先に債務者が権利行使していればもう代位権行使を認める必要はない、そもそもできないというのが本来の理解だろうと思います。代位権行使は債務者の権利行使以前になされなければならないという、最判昭和28年12月14日などという判例が現に

存在するところであり、これ自体は今回の改正でも何も変更にはなっていないのだろうと。この考え方は引き続き法改正後も残る。したがって事後的な債務者の権利行使は代位訴訟に直接の影響は与えないけれども、事前に債務者が権利行使していたとなれば、それは代位権行使を妨げる抗弁事由となるだろうというふうに理解しております。こんなところが代位権のところの論点です。主に抗弁の話になりましたけれども、抗弁として新たな規律をどう理解するかという問題があるというふうに考えているところでございます。

第5　詐害行為取消権——否認権との平仄、明治44年判例を修正

詐害行為取消権の話をさせていただきたいと思います。

詐害行為取消権につきましては代位権と少し様相が異なりまして、改正後も必要な権利である、あるいは倒産法上の否認権との関係などもあって、重要な権利であるという理解で改正の議論がなされたと思っております。

11頁冒頭（本書117頁）に書かせていただいたように、注目すべき点を挙げるとすれば、否認権との平仄を図った、ひょうそく、読みにくい言葉ですけれども、法制審でよく出てきた言葉でございまして、つり合い、バランスをとったということですね。ここのところが要件論のところでは重要なところでございます。

効果論のところでは、相対的取消構成といわれるものの見直しの点が重要です。詐害行為取消権は他の詐欺取消なんかと違って、あくまで取消債権者と受益者もしくは転得者との間で、要するに訴訟当事者限りにおいて債務者がした詐害行為を取り消すものである、債務者自身には何の影響も与えないのだ。つまり相対的な取消なのだという説明が14頁（本書120頁）の3の「効果について」というところで書かせていただきました。これまで強固な判例法理と理解されてきた大審院の明治44年3月24日ですね。この判例法理を見直すことになりました。その条文が、12頁（本書118〜119頁）の法案第425条で、詐害行為取消請求を認容する確定判決は、債務者およびそのすべての債権者に対してもその効力を有するということで、いわゆる相対的取消構成の見直しが図られるということになっております。以上の2点が大きな改正点だろうと思います。

後のほうの話を先取りしてしまいましたが、倒産法上の否認権との平仄のと

ころに話を戻させていただきます。条文で言うと424条です。この規定が現行の424条と対応している規定ということになります。債権者は、債務者が債権者を害することを知ってした行為の取消を裁判所に請求できる。そういうことになっております。受益者がこの行為のときに債権者を害することを知らなかったときは、この限りでない。この限りでない、ですから、ここも従来的理解と同じではありますが、抗弁に回ってくる、そんな形になります。2項で財産権を目的としない行為については適用しない。3項で債権者の有する債権は詐害行為の前の原因に基づいて生じたものである必要があるのだということが規定され、4項で強制執行できない債権に基づいては詐害行為取消請求はできないと。これらも解釈論上従来から言われてきたことです。責任財産の保全、強制執行により回収するその責任財産が逸失するのだから、その行為を取り消す、そのように考える以上は、強制執行ができない債権で取り消すということでは整合性がない。そう考えてきたところを今回、明文で設けるということになります。そして、新しい規定を設けたというのが424条の2、3、4でございまして、従来424条一か条しかなかった詐害行為の要件について同条の2、3、4という特別の行為類型を定めたということになります。相当な対価を得てした財産の処分行為の特則という規定を424条の2で設けました。12頁の下のほうから13頁（本書119頁）に書かせていただいておりますが、破産法161条1項に相当する規定をここで設けたということになります。したがって、同じような要件立てで請求原因が特定されてくるということになると思います。

特定の債権者に対する担保の供与等の特則が424条の3でございます。先ほど取り上げた424条の2がいわゆる時価相当額での不動産売却行為の詐害行為性という論点に関わるものだったのに対し、424条の3はいわゆる本旨弁済行為の詐害行為性に関係する論点です。この点に関して、従来の判例法理は原則的には詐害行為とはならないが、通謀的害意があれば例外的に取消が認められるというものですが、今回の規律は倒産法上の、とりわけ破産法162条1項の規定を基本的に踏襲するものです。ただ基本的に踏襲すると言いましたのは、424条の3は若干変則的でございまして、1号と2号の二つの要件をいずれも満たしたときに詐害行為取消ができるのだという立てつけです。1号が支払不能時に行われた行為であること、これが一つです。そもそも民法に支払不能と

いう言葉が入るのも新しいことだという説明を受けておりますが、まずは支払不能時に行われたものであること。そして、2号でその行為が債務者と受益者とが通謀して他の債権者を害する意図をもって行われたものであること。このいずれにも該当する場合に限りと書いてありますから、いずれかではありませんので、この両方の要件を満たしたときに詐害行為取消が可能になるということになります。先ほどの破産法162条1項の規定は専ら1号に対応するものですから通謀的害意についてはむしろ、これまでの詐害行為取消訴訟における判例法理をいわば取り込んだ、プラスアルファで取り込んだものだというふうに理解することができます。ここはそういう意味で、倒産法上の規定と全く同じということではなくて、平仄を図りながら従来の判例法理も意識した改正が試みられたということになります。したがってこの1号と2号の双方を要件と考える必要が出てまいります。

　若干注意しなければならないのは、通謀的害意の内容、何をもって通謀的害意と認定するかの問題です。評価的なことがつきまとう概念でございます。この概念について従来の判例法理は、非常に厳しい要件だと言っていて、少なくとも最上級審の判例としてはこの通謀的害意を正面から認めたものはないなどと説明されてきたところです。実際にはこの要件で詐害行為が認められることはまずないんじゃないのと言われているところでございます。その趣旨は通謀的害意というような基準で詐害行為取消権を認めてしまえば取引の安全を害する、おそらくその危惧がこの要件を非常に限定したもの、厳格なものにしてきたのだろうと思います。しかしながら今回、破産法上の否認権の規定との整合性、平仄を図り、1号、つまり支払不能後の詐害行為に限るという要件を入れますので、従来のような通謀的害意一本ではありませんので、必ずしもそのあたりについて従来通りの厳格な要件をとらねばならない理由はむしろ解消されたのではないか。従来通りの厳格な要件を課してしまうとなかなか詐害行為取消が認められないということになりますから、はたしてそれでよいのかということになります。その意味で同じ表現は使っておりますが、今回の改正の経緯あるいは条文の作り方に照らして、今後、この通謀的害意の要件はもう少し柔軟なものになる可能性はあるのだろう。ここも別に法制審でそうですねと言ったわけではないのですが、そのような余地が生まれたのではないかと理解して

おります。

　残るもう一つ、過大な代物弁済の424条の4につきましては、従来の破産法160条2項と同様の規律になっておりますので、それと同様の要件立てによって訴訟が行われるということになろうと思います。

　このような形で、今回詐害行為について、いわば、詐害行為類型ごとに特別な取消類型を定めるということになりました。このこと自体は破産法との平仄と言えばそれに尽きてしまうわけですけれども、もう少し大きな視野で考えますと、従来の詐害行為取消権は事実上424条一本で要件を考えていた。詐害行為をしたら取り消すのだという条文しかない中で、明治44年の判例がリーディングケースと言われるわけですが、明治44年以降、その判例等が示した基準に照らしてやってきたわけでございます。ですから条文がないにも等しいような状況の中で、いろんな類型をすべて424条に盛り込んだということになります。したがって、424条の「詐害行為」なる言葉4文字はいろんな意味を含んでいて、一言で規範的要件と説明したのでは済ませられないくらい、何でもかんでも詐害行為という言葉の中に実質的な判例法理を入れてきたわけですね。ですから詐害行為とは何ですかと問われたときに、統一的な、一言で言えばこういうことなのですということが難しい。財産減少行為とかいろいろ言い方はするのですけども、それに尽きるわけではない。そのくらいこの言葉には多種多様なものを盛り込んできてしまったと思います。それが今回、424条の2以下の規定を設けましたので、そのことにより424条の規定は本来的意味での、まさに財産減少行為のようなことを念頭に置いて、要件立てとしては明確なものにできるのではないか、今後の解釈論はそこがもう少しシンプルになるのではないかと思っています。

　13頁（本書119頁）のところに一応424条の詐害行為取消権の発生原因事実みたいなことを書かせていただきました。説明としては従来とそれほど変わりなくて、取消債権者の債務者に対する債権の発生原因事実があり、それから債務者が債権者を害する財産権を目的とする行為、いわゆる詐害行為をしたという事実があり、それから債務者の詐害の意思があり、ということになり、従来2番目の要件を客観的要件、3番目の要件を主観的要件と呼んで要件立てしてきていながら、他方で、先ほどのような時価相当額での不動産売却行為や本旨弁

済行為なども無理やりこの要件に当てはめるものですから、本来、客観的要件とされる詐害行為性の判断にも相関関係説に依拠して主観を取り込んでみたり、必ずしも財産減少行為というものが明確な形で認識されないケースでも一応詐害行為になりうる場合があるのだと解釈してみたり、つまり通謀的害意があれば弁済行為だって詐害行為になるのですよと言ってみたりしてきたところを、そういう特殊類型については別規定に移したことによって、ここで言う詐害行為、2番目の要件はよりシンプルな形で想定することが可能になるのではないかというふうに理解しておるところでございます。

　最後のところでも触れるのですが、規範的要件もある程度大事だと私は思っていて、法改正の中でも規範的要件を入れること自体は決して反対ではないのですが、この詐害行為のところだけは従来の議論はあまりに広すぎる。裁判所からみて結局問題があれば詐害行為なのですよみたいな言い方しかできないとなると、取引の安全とか、詐害行為性の認定の明確化という観点からはよろしくない、難しい問題が出てくるのだろうと思っております。ここはできるだけクリアな要件立てが望ましいと考えたところでございます。今回、個別に424条の2以下の規定を置くことによって、少しそのことが実現できているのではないかと考えた次第でございます。

　細かなところですが、今申し上げた13頁（本書119頁）②のところの詐害行為の定義で、「債権者を害する財産権を目的とする行為をしたこと」となっていて、現行法は「法律行為をしたこと」となっておりますが、ここはそこにご説明をさせていただいたように、法律行為と規定していながら従来の取り扱いでも時効中断事由としての債務の承認ですとか法定追認行為なども詐害行為というふうに認定するなどということがあって、必ずしも法律行為に限定しているわけではない、本旨弁済だって弁済ですから。そういう意味で法律行為に限定するものではないということをより端的に意識して「行為」というふうに改めたということでございます。

　一応今のような点が14頁（本書120頁）に特殊な取消類型が定められたことの効用として書かせていただいたところでございますが、要件立ての上では、今回の改正で、より明確な要件立てが可能になり、取引の安全ということを考えたときにプラスになるのではないかというふうに考えておる次第でございます。

効果のところは少し先取りしてしまって申し訳ありませんでしたが、相対的取消構成を見直して、詐害行為の認容判決については債務者に及ぶ、また、そのすべての債権者にも及ぶ。これは重大な改正だと理解しておるのですが、要件事実との関係をテーマとする今日の研修とは、ちょっと視点が別となりますので、このことをどう考えるか民事訴訟法上、非常に重要な問題とは思っておるのですが、今回の研修会ではこの点の指摘だけにとどめさせていただこうと思っております。

第6 終わりに——今回の改正の特徴についての印象

そこまでをご説明させていただいた上で、15頁の最後のところ（本書121頁）のまとめでございます。大したまとめにはなってはいないのですが、5年間の法制審議会で要件事実のことをどの程度意識したのですかということについて、若干の私なりのもので大変恐縮でございますが、印象を申し上げさせていただきたいと思います。

確かに99回と分科会18回、この審議において常に要件事実を意識しながら議論したかと聞かれれば、それはそうではなかったと思います。すべての要件事実を検討して200以上の項目についてその表現なり条項なりを考えたわけではないと思います。

ただ、一方で全く要件事実を意識しないままに民法の改正をしてしまったのかと言えばそれはそうではない。集まったメンバーの多くは、常に要件事実を念頭に置いた上で、それをあえて条項化するかどうかということの判断、考えをもちながら審議をしたということがあったと思います。なぜ必ずしも要件事実そのものに特化したわけではないのかとなれば、先ほど少しご説明させていただいた、あるいは私のみならず、今日、山野目先生や鹿野先生からもお話があったように、わかりやすい民法という一つの諮問の方向性なるものがあって、そのわかりやすい民法という理解の下に、ここはどうしましょうかという議論がなされたということがあったと思います。わかりやすい民法の本来の意味は、判例法理の明文化ということであり、必ずしもわかりやすいという表現が文字通りではなかったように思っております。ただそうは言っても、言葉には一種の勢いというかイメージというか、そういうものがあり、わかりやすいという

言葉を使った瞬間から、一定の議論の内容がそれってわかりにくいよねという批判を受けてしまうという場面があって、なかなかその壁を超えられなかった部分がいくつかあったように思います。

　それと、やはり要件事実一本で、条文の内容、あり方をしっかり考えるというだけの意識、意欲が必ずしも法制審議会のメンバーの中にもなかったように思います。とてもとてもそれはできないよねという意識が強かった。民法について皆さんそれぞれ深い見識をもっておられる方が集まったわけですけれども、そうは言っても訴訟実務のこととなるとまた少し話が別だったり、訴訟実務に関する理解と言ってもその認識が分かれたりということもございまして、そういう意味ではやはり要件事実に関する議論をはっきりと明確に打ち出すということには、わかりやすさの観点とはまた別な問題として、一定の躊躇があったのも事実だと思います。そのようなこともありまして、いわば要件事実に関する考え方の部分は、必ずしも100％それを満たしたというふうに胸を張って言えるような状況ではないと思いますが、しかしながらそうは言いながらも今回の改正の中である程度の議論はさせていただけたのかなと思っております。

　もう少し付言させていただきますと、多少、強引な理解ではございますけれども、主張立証責任の割り振りの問題、請求原因か抗弁か再抗弁かという割り振りの問題について、つまり主張立証責任の所在の問題につきましては、比較的神経を使って議論した場面が多かったように思います。これはこういう書き方をすると主張立証責任がこっちだと思われるけれどもそれはよろしくないのではないかとか、そういう議論はさせていただいたと思います。議論が必ずしも十分でなかった点とすれば、結局どういう表現を使うか、あるいはこの言葉を設けることによって誤解を受けないかというような、主張立証責任の所在を前提とした上で、条文上、どのような表現を用いるかの点でございまして、この点に関しては先ほど来のわかりやすさとか、あるいはすべての要件事実を意識して書くことに対する躊躇とか、あるいは限界を感じていたとか、そういうことによって必ずしも十分には議論ができなかった部分もあるのかなというふうに思っております。15頁（本書121～122頁）のゴシックのところですが、その2のところに記載しましたように、立証責任の分担を意識し、改正法案をその基準となりうる規定として明文化するという作業は、比較的実現されたとい

う印象はもっているのですが、主張立証対象事実を明確にし、それにふさわしい条文表現とするという作業に関しては、やや後退を余儀なくされた面もあったのかなという印象をもっております。

　もう一点は、ここでは繰り返しを避けますが、規範的要件を比較的多く設けたという点です。この点に関しては、批判としてはマジックワードにすぎない、要するにその言葉で説明さえすればとりあえず法制審での議論は乗り切れるかもしれないけれども、内容が伴わない、明らかにならない以上、何の解決にもならないという批判を受けたこともままあるのですが、ただやはり私法の一般法として基本的な法律である民法が、その期待に応えうるだけの内容を備えるためには一定の規範的要件を設けるということが、その法規としての柔軟性を保つという意味で社会の変化にまさに対応する、今回社会の変化に対応して現代化する民法を作ったと言っている瞬間からまた社会は変わっていくわけですから、それに耐えられるようなものを作るという意味ではやはり規範的要件は重要ではないか。私はしばしば、「べき」基準と呼ばせていただいたのですが、この「べき」基準はやはり必要なのではないか。もっとも、そのような中でも先ほどの詐害行為取消権のように、あまりそれが行き過ぎることは避けなければならない。ある程度具体的に明文化したところもあるわけで、その塩梅が重要なわけですが、ともかく私としては、この規範的要件というものを今回の改正の中で一定の盛り込みをしたことはそれなりの意義があり、必ずしも批判されるようなことではなかったと思っています。この規範的要件の点は、要はそれを適切に使いこなすことが重要となります。訴訟実務においてこの規範的要件の適切な解釈運用、まさにこれが今後の民法改正後の使命なのだ、必要なことなのだろうと思っておりまして、本日の研究会において取り上げさせていただいた規範的要件などについては、今後、要件事実としてその評価根拠事実なり障害事実なりを適切な形で構築していくということが重要になってくるのではないかと思っている次第でございます。

　レジュメの最後（本書122頁）に現行の415条と法案415条１項を書き並べました。今日の説明をさせていただいた上で、120年前に作った415条が今回こう改められるということは、少なくとも改悪には決してなっていないはずだと思っております。その点はこの二つの条文を見比べてもらえば明確だと思います。

今回の改正の成果をどこまで胸を張って言えるかは、私どもは関わった立場でございますから、そんなことを言う資格はございませんが、少なくともこれまでよりは主張立証責任的なことを意識した規定を設けることができた。そして、規範的要件についてもそれなりの考慮をしたものになった、このように思っている次第でございます。以上をもちまして私の解説とさせていただきます。ご清聴ありがとうございました。

伊藤 ありがとうございます。それでは皆さん、だいぶお疲れと思いますが、ここで約10分休憩をして、それから藤井先生のコメントをいただいて、質疑応答にいきたいと思います。

(休憩)

[コメント２]

藤井俊二 本来コメンテーターというのは報告者よりももっと力量のある人が務めるべきなのでしょうけれども、少し瑕疵あるというか、今の瑕疵あるというのは内容不適合な者がしゃべるということになります。これは結局特定物みたいなもので、瑕疵ある者がそのまましゃべりますので受け取っていただきたいと思います。選任した伊藤先生のほうに責任があるということで。お耳汚しをするというような状態でありますので寝てくださっても結構でございます。

私は賃貸借ばかり研究してきて他のことをやっておりませんので、賃貸借に関係する話を少ししたいと思います。危険負担のところがとても面白いなと思いました。現行の規定ですと、契約総則の危険負担のところでは債務者主義というのが原則として取られているということは皆さんご承知の通りで、後発的不能で当事者双方に責めに帰すべき事由がないときは、債権者は反対給付を受ける権利はなくなるという536条1項の規定があります。これを改正法では、先ほど山野目先生からご報告がありましたように、原始的不能、後発的不能を問わず、当事者に帰責事由がないというときには536条1項の規定が適用される。その場合は、結局は履行拒絶ということになって、従来考えられていた双

務契約における牽連関係ということが出てこなくなるという説明がなされるということになるわけであります。結局、後発的不能の場合も売買契約などを考えると、売主から代金請求があったとき、買主のほうとしては危険負担の抗弁を出して代金支払を拒絶するという構造になったのだというご説明がありまして、結局は代金債務の履行請求権を消滅させるということは解除によるのだというご説明がなされました。

　翻ってですね、賃貸借の場合についてみてみますと、どうも継続的契約関係では危険負担の問題が違うように規定されているのではないかというような感じがいたします。というのは611条がどうも変わってきたのではないか。現行の611条1項では賃借物が賃借人の過失によらずに一部滅失したときは、賃借人はその滅失の割合に応じて賃料の減額を請求することができるという定めになっております。危険負担の債務者主義をとれば当然減額されてよいはずですけれども、減額請求があって初めて減額されるということになっていまして、この減額の効果は遡及されるわけですので、発生していた賃料債務が遡及的に消滅することにはなるわけですが、これは非常に合理性が乏しいというのが従来のご指摘です。できるだけ一部滅失以外の場合には使わないでおこうと。それで、危険負担の債務者主義の原則を適用しようということになっていたわけです。したがって611条について現行法の原則でいきますと、危険負担債務者主義の例外ですので、減額請求があって、初めて減額されることになりますので、賃借人としては賃貸人から賃料請求を受けたときに賃借物が一部滅失していること、および賃借人の過失によらないこと、それから賃料減額の意思表示をしたこと、および減額されるべき額を抗弁として主張立証しなければならないという要件事実になっていたわけですね。

　改正案では611条1項で賃借物の一部が滅失その他の事由によって使用および収益をすることができなくなった場合において、それが賃借人の責めに帰すことができない事由によるものであるときは、賃料はその使用および収益をすることができなくなった部分の割合に応じて減額されるという当然減額の規定に変更されるということになっております。さらに「滅失その他」という規定になっておりますので守備範囲が滅失だけでなくて広がっているということになります。ですから考えられるのは、建物などを借りたときにシックハウスで

あったとかいうような問題ですね。例えば、アスベストが使われていたとか、そういう問題についても使えることができるようになるのかなという感じがいたします。この規定は現行の危険負担債務者主義の原則にどうもよく似ているという感じがするわけです。これは先ほど山野目先生のご指摘があったところですが、原始的不能についても適用があると言われた解除のところの改正案の542条1項の債務の全部の履行が不能であるときというのと、611条の場合は使用収益をすることができなくなった部分というのが、原始的不能まで含むのか、原始的一部不能を含むのかどうかというところ、その関係はどうなのだろうなという感じがいたしますけれども、これはこれから考えなければいけないところですけれども、当然減額されることになる。賃借してから一部不能になったというふうに解釈するのかどうかというところがよくわからないところではあるという感じがいたしますが、いずれにせよ改正案では、当然減額になってきたということになります。この場合の要件事実としては、抗弁の話が出てくるわけですが、賃料請求を受けた賃借人としては賃借物が一部滅失したこと、それが賃借人の責めに帰すことができない事由によるということ、それから減額される額というのを主張立証すればよいということで、減額請求をしたということは主張立証する必要はなくなるということになろうかと思います。このようにみてくるとですね、改正案の契約総則に定める危険負担の制度によると、反対給付をする債務というのは消滅しない、債権者は給付を拒絶することができるだけなのですが、賃貸借においては賃料減額の規定は賃貸人の給付が不能になった場合には、その不能になった部分の割合に応じた賃料減額がされるというようなことになるとすると、賃料債務はそこで、もし原始的不能まで、原始的滅失と言ってもいいですかね、そういう場合まで適用されるのだとすれば、賃料債務不発生である。一部不発生です。後発的であれば賃料債務が消滅する、発生した賃料債務が消滅するというような説明の仕方になるかなという感じがいたします。そうすると、どうも536条の規定は、つまり契約総則に定められているのは、従来、廣中先生などが一時的契約を前提として定められているから、賃貸借のような継続的契約関係については別の法理があるのだというふうに説明されておりましたけれども、今回の改正ではそのようなことが意識されてなされたのかどうかということをお伺いしたいと思います。現行の危険負担

の制度が611条に入ってきたような感じも受けるということになります。

　もう一つは、改正案の616条の2のほうでも、賃借物の全部が滅失その他の事由により使用および収益をすることができなくなった場合には賃貸借はこれによって終了するということになっております。これも改正案の542条の履行不能による場合も契約を終了させるのは解除が必要になるということになっていますが、この点もちょっと違ってくるというようなことで、ここも危険負担の原則が適用されるように改正されたのかというようなことですが、いずれにせよこれらをみてくると、一時的契約と継続的契約について別の法原則が制定されたのかなという感じもいたしまして、従来、違う法理が働くのだというふうに言われてきたところがそのようなことになる、つまり賃貸借における賃料債務というのは賃借物を使用したことに対する対価であるということになって、賃借物を使用したことの対価だからこそ、614条で賃料は後払いだというふうに定めているのだと理解すれば、このような使用したことに対する対価であることを今回の改正は明確にしたのかなと、ここらへんのところを、山野目先生、高須先生からご教示いただければということで、つたないコメントですけどもこれで終わりにさせていただきます。

　伊藤　ありがとうございました。鹿野先生もコメントされましたが、先ほど申し上げたように急な御用でご退席になったのですけども、高須先生は先ほどちょっとリプライをされました。講師の山野目先生、それから高須先生も、今の藤井先生のことも含めて、講師の先生としてコメンテーターに対するリプライというものがおありでしたら、時間の関係もありますが、簡潔に話していただければと思います。どちらの先生からでもご自由になさってください。

　山野目　ありがとうございます。鹿野先生と藤井先生お二人のコメンテーターからいずれも大変ありがたいご教授をいただきまして、内容的には一つ一つごもっともなことであると受け止めました、ということのみ申し上げればよろしいであろうと感じます。せっかく問題提起をいただきましたから、一問一答のような形式でお答えするということは、鹿野先生がお帰りになったことと皆様方からいただくご質疑の時間をなるべく多く取ることが望ましいということ

も考えまして、そういうことではなく、私のほうで受け止めを整理させていただきまして、大きく三つの山に分けて、若干のコメントをさせていただきたいと考えます。

　三つというものは、一つは611条に関わること、二つは536条に関わること、そして三つ目は415条に関わることでございます。

　611条を話題とするところから申し上げます。なお611条について話題とするところは全部滅失を扱う616条の2に関しても同じでありますが、議論の簡潔な進行を考えてそちらへの論及は省くということにさせていただきます。私のスピーチにおいて、542条で不能その他の場合について契約を解除することができる、それから536条で滅失や損傷があったときに履行拒絶することができるという危険負担の新しい構成というようなお話をいたしました。これらのお話し申し上げた解除と危険負担に関する規律の規定の配列についてご注意を喚起したいというふうに感じます。これは契約総則のところに置かれている規定でございます。もちろんそのこと自体にそれとして意味がありますけれども、契約各則に別段の規定が置かれた場合には、具体的な場面において適用される規律が各則に置かれた特則によって修正されるということは、法典の体系の受け止め方として当然のことであろうと感じます。先ほどの私のスピーチにおきましては、契約総則にある542条と536条、解除と危険負担の並立併存というものが修正されることなく最もきれいに表れる場面が売買でありますから売買を例にしてお話しし、あの時こういう喩え話を申し上げていました。a＋aとaの関係になる場面はなくてa＋bとa＋cの関係になるものであって、過剰主張になる局面はないというふうなご案内でございます。それはそれとして、皆様にわかりやすくエレガントに聞いていただいたというふうに期待いたします。611条がある賃貸借の場面を話題に出しますと話が込み入ってきてですね、きれいにエレガントになりません。出してほしくないな、と思っていて、最後まで出ないでいるといいなと思っておりましたならば（笑）、今、藤井先生がおっしゃったことから、出た以上は仕方がありません。コメントをいたしますけれども、611条の規定が置かれている賃貸借の場合には、お話しした契約各則に特則が設けられている場合の典型でありまして、契約総則の規定が置いている二つの解除と危険負担の併存並立というふうな立てつけがきれいには表れな

い場面でございます。611条1項で損傷や一部滅失その他事由があると賃料は当然に減額になります。訴訟の攻撃防御では一部が滅失したという陳述がされると、それ以上、契約を解除する旨の意思表示をするとか、反対給付の履行を拒む、とかいう事実の主張や権利主張をしようとすると、それは過剰な陳述、主張であるとされ、失当であるというふうに扱われることになります。そうなってしまうではないかという、やや藤井先生のお叱りに近い口調でありましたが、それは私に落ち度のある話ではありません。また、私でないどなたかに落ち度のあるお話でもありません。これはこれで、おかしくはないと思うものでありまして、契約各則に特則が置かれた結果として契約総則のルールが修正されるということであると考えます。

　ただし、おそらく藤井先生がおっしゃっていることは、もっとそれよりも奥深くて、なぜ特例が、なぜ特則が置かれたか、という民法理論的な観点がもっと深められなければダメではないか、というようなご趣旨もあったと感じます。それはそれで確かにそうであろうというふうに考えます。私として今、十分なお答えを差し上げることができませんが、おそらくノー・ワーク・ノー・ペイなのであろうと考えます。賃貸借の場合にワークという言い方は変かもしれませんけど、使用収益させたということがあればそれによって賃料債務が発生するけど、させていないのであれば、もう解除とか拒むとかいわないで、当然に賃料が発生しないという、雇用や請負について考えられるような発想と同一性質のものが賃貸借においても妥当すべきであると考えれば、そこにおいては特則を設けるということに実質的、理論的な基礎も与えられるものではないでしょうか。暫定の答えとしてそういうことを感じていますけれども、もっと考えなければダメですよ、というお叱りかもしれません。引き続き宿題にさせていただきたいと考えます。

　二点目、536条1項2項について鹿野先生からご質疑がありました。536条1項は反対給付の履行を拒む、2項は債権者の責めに帰すべき事由のときには拒むことができないと記されています。私なりに鹿野先生の問題提起を受け止めると、536条のこの言い方にこういう問題があるのではないかと感じます。拒むとか拒むことができないということが規定されていますが、それ以前に、いったいそこで言われている反対給付の権利というものはどうやったら発生して

いるのですか。発生していないものを拒むことはできないはずなのであって、その発生原因を536条は何も語っていないのではありませんか、という問題があるかもしれません。そこのところについての今までの学者の研究がきちんとされてこなかったという憾みもあることでしょう。そこが、法制審議会の審議の過程でも労働事件を扱っている弁護士の先生方からは536条2項の規律内容を動かしてほしくない、という論議が出された一つの背景にあります。同項が、労働者が、ラインが止まったような場面で賃金請求することができる根拠である、だから動かしてくれるなというお話であり、それはもう実務的感覚としてはそうであろうと思います。あの規定があるから賃金の請求をすることができるということです。しかし、学問研究としてはそれでは足りなくて、なぜ拒むことができないという規定があると賃金債権は成立するのですか、ということは、それは全く説明をしたことにはなっていないと感じます。今までも説明になっていなかったし、536条の法文が変わった後も、労働法学は民法学に対して賃金債権の成立根拠は何であるか、ということを、単にノー・ワーク・ノー・ペイの原則を繰り返して叫ぶことのみではなくて、さらに緻密に解明してほしいという要請を突き付け続けるものであろうと考えます。これも宿題として確認させていただくということしか今日、私の能力の限度ではできませんけれども、そのようなものとして確認させていただきたいと思います。

　それから三点目の415条の1項ただし書にある契約の場合に絞って申し上げますと、契約および取引上の社会通念に照らして債務者の責めに帰すべき事由がある、ないという問題であります。これについても鹿野先生から問題提起をいただきました。それに十分に答えることにはなりませんけれども、法制審議会の審議を振り返る仕方で、若干のことをご紹介させていただきたいと考えます。高須先生のお話にもありましたけれども、最初、主に研究者の側からの、理論的観点からの意見としては契約の趣旨あるいは契約に照らして責めに帰すべき事由があるかないかというふうなことを明記する。そのことが、規範として読み取れる方向の改正をすべきであるという議論がされました。これに対し、弁護士の先生方を中心とする主に実務的観点からの弁護士会をはじめとするご意見があって、それでは契約書に書かれたことだけが独り歩きする、あるいは契約書に書き込ませる強い力をもった者のみが優位に法律関係を形成展開させ

ることができるということになってしまうというご批判があり、それに対しては、まず第一段として、いやいや別に契約の趣旨っていうものは契約書に書いたことのみではなく、もっと広いものを取り込んで判断されるものですというように申し上げるのですが、簡単に世の中ではそういうふうに受け止めてもらえるでしょうかといった論議が、それに対し出されます。だったら明記していただきたいというお話になって、社会通念という言葉が出てきます。ところが社会通念という言葉が出てくると、時計の振り子みたいに、またあっち行ってまたこっち来るというような議論になりますけど、半面で危ない面があってですね、では当事者が一所懸命に合意したことを超えて、世の中今こっちに向かって行っています、例えば世界の安全保障情勢は厳しくてこういうこともあって大変です、だったら一件一件の契約もなるべくお国のためになるような仕方で解釈していただきましょうというようなことにはなりませんか、ということであります。社会通念という言葉は危ないのですよ、というふうなことを研究者の側から申し上げる。そうするとそれは、国が危ないだとか安全保障だとかというようなことを言っているのではない。それは当然でしょうということになり、しかしそこも明記していただかないと困るということになって、社会通念の上に「取引上の」と付けましたから、「取引上の」と付いているときにまさか安全保障とかですね、今は国が危ないから皆さんは金属を拠出してくださいとかですね、そんな話はないでしょうという歯止めをかけました。ここまで歯止めをかけて、接続詞「及び」でつないで入れましょうということになったものです。「及び」でつないで入れたところは弁護士会のご意見に譲歩したという側面もあるかもしれません。しかし、契約は先にさせてもらいますよというところは、最初から理論的関心として強調していったことを採り入れていただいたとも感じます。これに辿りついて法文にしたというところまで事実の紹介でございまして、これに対してもちろん評価とか批判はございます。結局、法制審議会は、契約および取引上の社会通念の中味が何であるかについて、一致した明確な理解を示さないまま、審議会を閉じたものであろう、というふうに批判する方がいる。学者の論考にも時々そう書いてある。私はあれ変だと思います。なぜ一致した理解を示さなければいけないのでしょうか。そういう批判を書く学者その他の方々というものは立法という作業の意義がわかっていな

いのではないかと感じます。理論面を重視する研究者は、あそこに「及び取引上の社会通念」と書いたことは、書かなくてもよくて性質上「契約」の中に入るものであるけれども、しかし注意的に明記したものであると理解します。弁護士会の先生方からみれば「及び」と書いてあるし、「取引上の社会通念」というふうに書いてありますから、単に当事者の主観だけにはとどまらない、客観的背景のものも含んでいると私たちは読みますよということになることでしょう。一つの文言についてそういう二つの読み方があるけれども、でもこの文言で一致して国会の審議にかけましょう、とすることがなぜいけないのでしょうか。皆がそれぞれの見方をもち、部分的には皆がそれぞれの不満をもって、しかし一つのことにまとめるということが統合という作業であって、立法というものは国家意思を形成するための統合作業をしているものですから、それをおかしいという議論のほうが私はおかしいというふうに感ずるところがあり、そのようなことを深刻に考え込んでいるところでございます。

［質疑応答］

　伊藤　ありがとうございました。それではこれから受講者の先生方からご質問をいただくということになります。ご質問の際にご所属、氏名、それからどの先生にお聞きになりたいかということを明確にしていただきたいと思います。もう時間もだいぶ押してまいりましたので、すみません、時間がなくなりましたという最大の抗弁があるという前提で、進めさせていただきたいと思います。
　そしてレジュメに関するご質問があれば何頁ということもおっしゃっていただきたいと思います。
　それではご自由にどなたからでも。はいどうぞ。

　田中洋　神戸大学で民法を担当しております田中と申します。今日は貴重なご講演をどうもありがとうございます。
　質問をさせていただきたいのは、危険負担に関する改正法案536条1項についてです。
　質問の内容ですけれども、改正法案536条1項によりますと、当事者双方の

責めに帰することができない事由による履行不能の場合には、債権者に反対給付の履行拒絶権が認められるというルールになっております。

　それを山野目先生のレジュメに即しますと4頁（本書96頁）でしょうか。要件事実の形にすると、危険負担の抗弁ということになり、そこでは「当事者双方の責めに帰することができない事由によって」という部分は意味をもたず、抗弁を主張する者は、単に履行不能であるということを主張・立証すればよい——その上で履行拒絶の権利主張をすればよい——ということかと思います。この点は、現行法でも同じような考え方がとられているのではないかと思っております。

　その上で、その履行不能が「債権者」の責めに帰すべき事由によるものであったのであれば、このような履行拒絶権は認められない（改正法案536条2項本文）ということで、これを基礎づける事実が再抗弁になるのだろうと思われます。

　問題はもう一方の場合でありまして、その履行不能が「債務者」の責めに帰すべき事由によるものであった場合に、これを基礎づける事実がはたして再抗弁になるのかどうかということです。

　これについては、一方で、債務者の責めに帰すべき事由によって履行することができなくなったということですと、改正法案536条1項の要件には、その規定の文言——「当事者双方の責めに帰することができない事由によって債務を履行することができなくなったときは」——をみる限り、当たらないようにも見えます。そうすると、それを基礎づける事実は、履行拒絶権を否定するものとして、危険負担の抗弁に対する再抗弁となるようにも思われます。しかし、他方で、そのように考える場合、履行拒絶権を否定するために、債務者の側が、再抗弁として、自分の帰責事由によって履行不能になったということを自ら主張・立証しないといけないというのも、やや不自然な感もないではないというふうに思われます。

　法制審議会でもその種の議論があったかと思うのですけれども、結局どのような方向で理解をすればよいのかについて決着がはっきりとはつかないまま審議が終わってしまったようにも思います。そこで、これについてどのように理解をすればよいか、ご意見を伺いたいという趣旨で質問させていただきました。

山野目先生にお願いいたします。

山野目 どうもありがとうございます。売主の何らかのミスで建物が燃えたような場合において、代金支払請求を受けた買主がどういうふうにそれに応対していくかということを考えたときに、まず、代金支払請求を受けた買主が契約を解除しますと述べ、だから代金支払債務がなくなったものであり、したがって代金は払いません、と言うことができるということについては、おそらく疑問の余地がありませんね、そうですよね。はい、問題はそのことと並行して、本来はどちらの責めにも帰すべき事由ではないときに考えられるところの危険負担の、代金支払を拒むというルールをも用いることを是認してよいかどうかということでありましょう。是認してよい、と考えるときに、それをどのような攻撃防御の構造で考えるかということもさることながら、しかし、お尋ねの本意はさらに言うと536条の文言との関係で、そのような解決が引き出されますか、ということ、そのことをむしろ疑問に感じておられるということであろうと思います。

法制審議会の議事録をご覧いただいた通りでございまして、確かにそのことがほんの少し議論になりました。これも先生のご指摘の通り、こういう結論だね、という結着がそこにいた人たちの間で見えるということではない仕方で終わっております。したがって簡単に申し上げれば、今ここでお話ししている高須先生とか私が、法制審議会とかその成果物の理解はこうなのですというように、いかにももうそれが正解のごとくにご案内してですね、そのように受け止めてくださいと言えるようなものは持ち合わせていません。そういう意味では先生と私と立場は同じでありまして、これから一緒に民法の研究者として考えていきましょうね、ということになります。

それで、いくつかのことを考えますと、両面の可能性があるものであるかもしれません。解除ができるのなら、もう解除させてしまったらどうか、そちらに担わせることでよいものであって、拒むとか、そういうふうに言わせる必要がありますかね、と考えて、そこを疑問視して否定することであれば536条の文言との関係ではもうそれ以上考える必要はないということになることでしょう。反対に、この場合に支払を拒むと言わせること、その余地というものは認

めてよいではないですか、というふうになるとですね、国民一般への、と言いますか読み手への伝達の円滑を期して書いた同条の文言、この、どちらの責めでもないという文言との関係はどうなりますか、ということについて、やや必ずしも円滑ではない側面が生じてくるかもしれません。少なくともそこについて何か解釈をいじらないといけないことになりますね。文言はああなっているけども実質的趣旨から考えて、みたいな議論をしていくことになるものでありましょう。そちらでいくとそうなるでしょう、ということぐらいは、たぶんもう申し上げるまでもなくお尋ねをお出しいただいた先生のほうでお見通しでいらして、両論があるけどどうなのだろうね、というような問題提起をいただいたと受け止めました。悩ましいところであろうと感じます。むしろ逆に、何か先生がお考えのことがあったら、お教えいただき、今後の研究の糧にいたします。

　伊藤　それでは特に講師からそのように言われますので、田中先生のほうでもう少しおっしゃったらどうでしょうか。

　田中　すみません、私もあまりきちんと詰め切れていないところがあるのですけれども、考え方としましては、まず現行法ではどう考えるのかというのが一応の出発点になるのかなと思います。もっとも、改正法案によりますと危険負担の効果が現行法から変わっている。つまり、反対給付請求権が消滅するのではなく、存続させたままで履行拒絶権を認めるという構成になっており、この消滅ではなく履行拒絶権になっているというところが、はたしてここでの問題にどのような影響を与えるのかというところが一つのポイントになるのかなと思っております。ただ、その先どう考えていけばよいのかというのはまだ迷っているところでございます。

　山野目　わかりました。どうもありがとうございます。

　伊藤　それでは高須先生は発言されなくてよろしいでしょうか。はい、わかりました。

他にどなたかございませんでしょうか。どうぞ。

藤川和俊　広島大学法科大学院で実務家教員をやっております、藤川でございます。よろしくお願いいたします。本日は貴重なご講演、ありがとうございました。

　高須先生に教えていただきたいと思います。レジュメの4頁（本書110頁）で415条についてご説明いただいていまして、この中で帰責事由のところの判断が、「契約及び取引上の社会通念に照らして判断する帰責事由」すなわち、契約に照らした帰責事由のみならず、取引上の社会通念をも考慮するということになっているとあります。四角の枠の下のご説明の6行目以下のところ（本書111頁）は、これは「従来の過失責任主義的な説明とは一線を画することとした。」というふうになっています。私は弁護士をやっていますので、損害賠償請求は結構裁判でやるのですが、帰責事由の認められる範囲がこの改正によって広がっていくことになるのか、狭まることになるのか、あるいはこれはただ説明だけの違いですよということで先生はここにお書きになっておられるのか、教えていただければと思います。

高須　よくこの点でご説明をさせていただくときにこんな例を挙げさせていただくことが多うございます。例えば宅急便業者が日時指定で品物を届ける。そのときにその当日その時間帯に大きな地震が起きて、交通手段も遮断されるような事態となり、品物を届けることができない。このような場合に履行遅滞が生じる。この場合、債務不履行責任が生じるのか。結論的にはその場合に履行遅滞で債務不履行責任を負う、損害賠償だという人はおそらくいないのだろうと思います。むしろ、そのときは責任を負いませんよねとなる。そのときの説明が、従来はそんな想定もできない大地震で交通手段もないときに、定められた時間に届けられないのはあなたの過失ではありませんよと、こういう説明だったのではないかと思います。ところがよく考えてみると、いろんな契約態様があるのであって、例えば緊急援助物資なんかはまさに大震災の時こそ届けてくださいねと、そのために普段から高いお金を払ってどこかにストックしてもらっていて、万が一の場合にはヘリコプターを使ってでも届けてくださいね

という契約もあるはずだと思います。一般的に地震じゃしょうがないよねというわけではないのだろうと。要するに緊急援助物資を災害のときに届ける契約などは、まさにそのような時のための契約だから約束を果たしてもらわなければならない。それが届かなければ債務不履行なのだろうと。ところが普通の宅急便の契約で、一個何百円で配達しますというときに、それはもうトラックも使えないような場合に、指定の場所、時間に必ず届けるというような契約は普通はしていないねということになる。それは過失がないというよりは、むしろそういう契約にはなっていないんだよねという説明にたぶんなるのではないか。今回の改正で、いわゆる契約に照らしてその責めに帰すべき事由がないという意味は、このようなことを想定している、つまり、そこまでの約束にはなっていませんよということなのではないか。こんなことをめざす改正なのではないかと説明させていただいております。

　そうすると、結局は、従来はできるとされていた損害賠償等が、改正法によりできなくなるとか、できないとされていた損害賠償等をできるようにするという意図を有するものでは決してないのだろうと思います。今回の改正について、無過失責任にするものだと最初の頃はよく言われたのですけれども、そういうことではなさそうだと。ただ改正法の今後の解釈運用の中で、裁判例が積み重なっていく中で、どこまでこの点が広がりを見せるか、あるいは見せないのかはまだわかりませんので現時点ではということですが、特に損害賠償の可否について範囲、内容を変える意図はございませんという、そんな説明をさせていただいております。以上でございます。

藤川　ありがとうございます。

伊藤　よろしいでしょうか。他の先生方はございませんでしょうか。それでは定刻でございますので、予定していた通り閉会の挨拶を島田所長にお願いいたします。

［閉会の挨拶］

　島田新一郎　ただ今ご紹介いただきました要件事実教育研究所の所長をしております島田でございます。
　本日は、ご多忙の中、またお足元の悪い中、八王子の創価大学まで、多数の先生方にお越しいただき、講演会に参加してくださったことを、心より御礼申し上げたいと思います。本当にありがとうございました。
　とりわけ、我が国の民事法学会を代表される研究者であられる山野目章夫先生、並びに、法制審議会・民法（債権関係）部会で幹事として債権法改正をリードされた実務家であられる高須順一先生という、まさに日本を代表する研究者・実務家の先生方をお迎えして、このような素晴らしい講演会を開催できましたことは、創価大学にとって、大変名誉なことであり、また所長として、これ以上うれしいことはございません。両先生には、衷心より御礼申し上げたいと思います。本当にありがとうございました。
　理論と実務を架橋するという点において、本日の含蓄に富むご講演内容は、本学だけでなく、全国の法科大学院にとっても、貴重な財産になるものと考えます。
　また、的確かつ示唆に富むコメントをいただきました、鹿野菜穂子先生、藤井俊二先生にも、心から御礼申し上げます。
　参加された法科大学院生の皆様も、長時間本当にご苦労様でした。
　要件事実教育研究所は、平成16年の法科大学院の開設とともに「理論と実務を架橋する」という理念の下に発足し、昨年までの8年間は、様々な重要テーマについて、「要件事実」の観点からの「研究会」を開催してまいりましたが、本年からは、継続教育の意義も含めまして、参加対象を拡大し、「講演会」として行うことになりました。今後も、学術的に、あるいは実務的に、重要な問題につきまして、毎年、講演会を開催していく予定であります。
　当研究所は、大変小規模ではありますが、顧問である伊藤滋夫名誉教授の下に、本学における教育研究にとどまらず、日本の法曹養成の一翼を担うとの決意の下、より一層の努力をしてまいりますので、今後とも、当研究所の活動に、

ご理解とご協力をいただきますよう、心よりお願い申し上げまして、簡単ではございますが、閉会の挨拶とさせていただきます。
　本日は、本当にありがとうございました。

　伊藤　先生方、ありがとうございました。皆様もありがとうございました。それではこれで閉会といたします。

講演レジュメ

山野目章夫

高須　順一

講演1レジュメ

売買・贈与・消費貸借・使用貸借・賃貸借・雇用・請負・寄託・保証
〈構想される新しい契約規範と訴訟における攻撃防御〉

山野目章夫

骨子

民法の債権関係規定の見直しの趣旨および経過を確かめた上で、典型契約のうち規定の見直しが行われるものや、個人保証をめぐる訴訟上の攻撃防御に関する個別的考察を試みる。その作業を通じ、法文の表現と主張立証の在り方との関係にも検討を及ばせることとしたい。

第1 約120年ぶりの改正がめざすもの
   二つのねらい

諮問（2009年）
制定以来の社会・経済の変化への対応　国民一般に分かりやすいものとする
↓
中間試案（2013年）
↓
要綱仮案（2014年）
↓
答申、法律案の衆議院への提出（2015年）

国会における審議
↓
法律となる場合は施行の準備
↓

公布から最大で3年の周知期間

経過措置の基本原則

施行日前に発生した債権
施行日前に締結された契約
↓
なお従前の例による

第2 売買
冒頭規定の意義は変わらない

1 冒頭規定の意義

　案555条は、改正されず、したがって、その冒頭規定としての意義も異ならない。

> 　建物を売った。売主は、代金の支払を望む。
>
> 　「原告と被告は、平成30年6月3日、本件建物を代金2,000万円で原告が被告に対し売る旨の契約を締結した。よって、原告は、この売買契約に基づき、被告に対し、代金2,000万円の支払を求める」。

2 原始的履行不能の法律関係

　履行が原始的に不能である場合において、伝統的な考え方によれば、契約は、無効であると考えられてきた。改正される規定のもとでは、契約が、無効にならないと考えられる（案542条1項1号参照）。

> 　売主から代金の支払を請求された。買主は、すでに存在しない建物の代金は、支払いたくない。
>
> 　(1) 「本件建物は、平成30年6月1日、焼失した」。

> (2)「被告は、本件の弁論において、原告に対し、本件売買契約を解除する旨の意思表示をした」。

現行法のもとにおいて、(1)の権利障害事実を陳述することで十分であり、(2)は、失当な主張である。改正される規定のもとにおいて、(2)の権利消滅事実の主張は、重要である。

3　危険負担の法律関係

履行が後発的に不能である場合において、改正される規定は、危険負担の抗弁権的構成を採る。反対給付の履行を請求される債権者は、契約を解除して反対給付の履行請求権を消滅させ（案542条1項1号）、または、反対給付の履行を拒絶することができる（案536条1項1号）。訴訟における攻撃防御として、これら二つの債権者の保護は選択的に主張されることが可能である。

> 買主は、存在しないこととなった建物の代金を支払いたくない。
>
> 契約解除
> (1)「本件建物は、平成30年6月15日、焼失した」。
> (2)「被告は、本件の弁論において、原告に対し、本件売買契約を解除する旨の意思表示をした」。
>
> 危険負担
> (1)「本件建物は、平成30年6月15日、焼失した」。
> (3)「被告は、原告に対し、本件売買契約に基づく代金の支払を拒む」。

(2)は、権利消滅事実であり、また、(3)は、権利阻止たる権利主張である。
案536条1項の文理は、一般の読み手への伝達の円滑を期し、「当事者双方の責めに帰することができない事由によって」という文言を含む。この文言は、この規定の趣旨に照らし、それが適用される場面を明示しようとするものであり、訴訟における攻撃防御における意義を有しない。買主は、買主の責めに帰

することができない事由によって建物が焼失したことを主張立証する必要がない。

　これとは別な問題であるが、この代金支払拒絶の抗弁に対し、売主が、買主の責めに帰すべき事由によって建物が焼失したとする評価を根拠づける事実を主張立証することは、成立可能な再抗弁であり（同条２項本文参照）、これに対し、買主が、この評価を妨げる具体的事実を再々抗弁として主張立証することができることも、いうまでもない。

　実体法の解釈問題を一つ提示しておく。案536条１項の文理は、後発的な履行不能に適用場面が限られるように映る（「できなくなった」）けれども、趣旨から考えて、原始的な履行不能にも及ぼすべきではないか。この実体法解釈を前提とするならば、上述２も、選択的に危険負担の抗弁を提出することができることになる。

第3　贈与
冒頭規定の文言の整備

　案549条は、「自己の財産」が「ある財産」に改められる。しかし、もともと現行法の理解においても、贈与契約の成立の主張立証において当時所有の主張立証が必要であるなどと理解されてはこなかったものではないか。

> あなたは、この宝石をプレゼントしよう、と言ったでしょ。
>
> (1)　「被告は、平成30年６月３日当時、本件動産を所有していた」。
> (2)　「原告と被告は、同日、被告が原告に対し本件動産を贈与する旨の契約を締結した」。
> (3)　「よって、原告は、この贈与契約に基づき、被告に対し、本件動産の引渡しを求める」。

というような攻撃防御は、滑稽であり、改正の施行を待たなくとも、(1)は、失当な陳述であると考えられる。

　なお、この贈与契約が書面によらない場合において、その事情に伴う抗弁を

贈与者が提出することができることは今後も異ならないが、概念が変更され、"撤回"でなく、贈与者が贈与契約を「解除」することができるものとされる（案550条）。

第4 消費貸借
要物契約と要式行為たる諾成契約の二つのルート

1 消費貸借の成立／要物契約

消費貸借は、従来と同じく要物契約として成立させることができる。

> 貸したお金を返して欲しい。
>
> (1) 「原告は、平成30年6月3日、被告に対し、弁済期を平成32年6月3日と定めて700万円を貸し渡した」。
> (2) 「平成32年6月3日は、到来した」。
> (3) 「よって、原告は、この消費貸借契約に基づき、被告に対し、700万円の支払を求める」。

なお、この研究報告においては、一般に「貸し付ける」の表現が用いられる場面について、法文を参照して、「貸し渡す」を用いる（465条の2参照）。

2 消費貸借の成立／要式行為たる諾成契約

構想されている改正のもとにおいては、諾成契約として消費貸借を成立させることもできる。ただし、書面または電磁的記録をもってすることを要する、という方式を遵守しなければならない（案587条の2）。

> (1) 「原告と被告は、平成30年6月3日、書面をもって、弁済期を平成32年6月3日と定めて原告が被告に対し700万円を貸し渡すことを約した」。
> (2) 「原告は、同日、この消費貸借契約に基づき、被告に対し700万円を交付した」。

(3) 「平成32年6月3日は、到来した」。
(4) 「よって、原告は、この消費貸借契約に基づき、被告に対し、700万円の支払を求める」。

3 消費貸借は継続的契約か

　消費貸借契約に基づき貸金返還を請求する訴訟の訴訟物は何か、という問題は、請求原因事実を考えるという次元にとどまるのであるならば、あまり情熱を注ぐに価する主題ではない。「消費貸借契約に基づく貸金返還請求権」であると考えるか「消費貸借契約の終了に基づく貸金返還請求権」と考えるか、そのいずれであるにせよ、弁済期の到来を主張立証しなければならないことは異ならない。

　この論争は、むしろ消費貸借の実体的特質の理解の仕方が問われる、という次元のものである。つまり、消費貸借は、継続的契約であるか。しかり、と答えるのであるならば、それは〈期間〉と〈終了〉を問題とする概念となる。法制審議会の民法（債権関係）部会における調査審議の途中段階までは、これらの概念を伴う契約として消費貸借が理解されてきた（部会資料16-1）。司法研修所『新問題研究／要件事実』（2011年）39頁の記述も、この段階の水準に即応するものである。中間試案からあと、この理解は払拭され、期限前弁済などの規定を設ける構想に置き換えられる。すなわち、消費貸借は、〈期限〉と〈期限の到来〉を問題とする概念として受け止められた。

　継続的契約は、〈期間〉のあいだ、用法遵守（594条・616条）、修繕義務（606条）、費用の負担（595条・608条）および信頼関係の破壊などによる終了（最判昭和39年7月28日民集18巻6号1220頁、最判昭和42年11月24日民集21巻9号2460頁）についての規範が働くことを要請するものである。それらの契機は、消費貸借にはない。それは、なぜであるか。賃貸借や使用貸借と異なり、目的物の所有権が借主に移転する。そして、所有権が移転していながら、同種・同量の物の返還を当事者に義務づける。そこは、売買や贈与とも異なる。これらの両面が、決定的である（ここに着目して消費貸借の問題性を説くことが、木庭顕『ローマ法案内／現代の法律家のために』〔2010年〕の一貫したモチーフである。たとえば、75頁参照。）。消費貸借は、成立から弁済期到来の間において、当事者間に生ずる

具体の権利義務を観念することができないという意味において、継続的契約として理解する必要がないし、また、この消費貸借の特質を明確に認識することの障害となるおそれがあるという意味において、継続的契約として理解することが適当でない。

なお、消費貸借の成立から弁済期到来までの間に利息の支払が問題となることはあるが、それは、ひとまず消費貸借とは区別される法律関係である。同じように、信用悪化などの事情が生ずる場合において期限前弁済が問題とされることもあるが、それを契約の"終了"の概念で理解することは、おかしい（さらに、契約成立前についても論じられてよい問題である。589条参照。）。

また、目的物の所有権が移転する、という特質との関連において、目的物が種類物であるという特色をもつことも、注目されてよい。種類物は可分であり、分割弁済ということがありうるが、分割の各期について契約の"一部終了"というような概念操作をすることが無益であることも、多言を要しないと考えられる。

第5　使用貸借
　　　諾成契約に改められる

使用貸借は、諾成契約としてのみ成立が観念されることとなる（案593条）。その成立は、通則に従い申込みと承諾により認められ、方式を求められない。ただし、書面によらない使用貸借は、目的物の引渡し前にあって、貸主において解除することができる（案593条の2）。

　土地を明け渡せ、と求められたけれど、この土地は無償で借り受けたものである。

（所有権に基づく返還請求権としての土地明渡請求に対する抗弁）

使用貸借
　(1)「原告と被告は、平成30年6月3日、期間を定めないで原告が被告に対し本件土地を貸すことを約した」。

(2) 「原告は、同日、この使用貸借契約に基づき、被告に対し、本件土地を引き渡した」。

第6　賃貸借
自分の物を賃借することがありうるか

　賃貸借は、ひきつづき諾成契約としてのみ成立が観念されることとなる（案601条）。その成立は、通則に従い申込みと承諾により認められ、方式を求められない。冒頭規定において返還義務が明言されることになるが、従来も賃貸借の本来的な性質として理解されてきたことを明文化することを超えて、特別の意味はない。返還請求をする際は、

貸した自動車を返して欲しい。

(1) 「原告と被告は、平成30年6月3日、期間を2月と定め、本件自動車を原告が被告に対し賃貸する旨の契約を締結した」。
(2) 「原告は、同日、この賃貸借契約に基づき、被告に対し、本件自動車を引き渡した」。
(2) 「平成30年8月3日は、経過した」。
(2) 「よって、原告は、上記賃貸借契約の終了に基づく返還請求として、被告に対し、本件自動車を引き渡すことを求める」。

というふうに、いわゆる〈基づく引渡し〉を主張立証しなければならないが、賃貸借の成立それ自体を説明するためには、契約の諾成的成立を述べることでよい。なお、契約成立当時に被告が賃借物の所有者でないということを主張立証する必要はない（地上権の冒頭規定である265条対照）。

第7　雇用
使用者の事情による労働困難の解決も維持

　雇用の冒頭規定（623条）は、改正されない。

したがって、今後とも双務・有償・諾成の契約である。

くわえて、従来において536条2項の解釈として導かれてきた解決も維持されることが、安定した労働事件実務の運用に資する。

会社の都合で工場のラインが止まった。その間の給料を支払ってもらえないとしたら、あんまりではないか。

(1)「原告と被告は、平成30年6月3日、期間を定めないで、被告が定める労働条件に従い原告が被告が営む本件工場における労働に従事し、被告はこれに対し労働条件に従い給与を支払うことを約した」。
(2)「被告は、平成33年6月の1月間、〔その経営上の障害により〕上記工場の操業を止めた」。
(3)「よって、原告は、被告に対し、上記雇用契約に基づく平成33年6月分の給与として○円の支払を求める」。

なお、一般的に民法の適用としては、他業により得た収入を控除すべきものと考えられる。ただし、労働基準法の適用がある場合は、同法26条の解釈上、同法12条1項が定める平均賃金の6割は、控除の対象とすることができず、支払わなければならないと解すべきであり（最判昭和37年7月20日民集16巻8号1656頁のほか、最判昭和62年4月2日判例時報1244号126頁）、これらの帰結も、現在と異ならないと考えるべきである。

第8 請負
ひきつづき双務・有償・諾成の契約

請負の冒頭規定（632条）は、改正されない。

したがって、今後とも双務・有償・諾成の契約である。

仕事の結果に対して報酬を払って欲しい。

(1)「原告と被告は、平成30年6月3日、原告が本件建物の屋根を修理

> し、これに対して被告が報酬として87万円を支払う旨の契約を締結した」。
> (2) 「原告は、平成30年8月11日、上記の屋根の修理を了した」。
> (3) 「よって、原告は、被告に対し、上記請負契約に基づく報酬として、87万円の支払を求める」。

　仕事の目的物が種類や品質などの点で契約に関して契約に適合しない場合において、自ら材料を調達した請負人に対し、注文者が履行の追完を催告しても催告期間内に履行の追完がされないときに、注文者は、報酬の減額請求をすることができる（案563条1項・559条）。

　この報酬の減額請求は、報酬請求権の一部を消滅させるものであり、報酬請求に対する抗弁となる。ただし、材料を調達した者が請負人であることや、履行の追完がないことを主張立証する必要はない。抗弁としては、契約不適合に当たる具体的な事実に加え、催告をした事実、さらに催告期間の末日が経過したことを主張することでよい。

　報酬の減額請求に対する再抗弁は、追完を履行したこと、または契約不適合が注文者の供した材料に起因すること（案636条本文）となる。

　これに対する再々抗弁としては、材料が適当でないことを請負人が知りながら注文者に告げなかったことが考えられる（同条ただし書）。

　案636条は、その文言のとおり主張立証責任の分配を考えることでよい。

第9　寄託
諾成契約となる

　寄託は、諾成契約として成立する契約となる（案657条）。その成立は、通則に従い申込みと承諾により認められ、方式を求められない。

　寄託に有償寄託と無償寄託があることは、現在と異ならない。有償寄託の寄託者が報酬を請求するには、報酬の約束がされたことを主張立証しなければならない。

> 保管料の支払を請求したい。

(1)「原告と被告は、平成30年6月3日、報酬を月あたり8万円と定め、被告が原告に対し動産甲を保管することを委託する契約を締結した」。
(2)「被告は、同日、この寄託契約に基づき原告に対し動産甲を引き渡し、原告は、動産甲の保管を始めた」。
(3)「平成30年12月3日は、経過した」。
(4)「よって、原告は、被告に対し、上記寄託契約に基づく保管の報酬として、48万円の支払を求める」。

第10 保証
第三者保証の要式行為性の強化

1 第三者保証の成立要件に関する新しいルール

取締役でも執行役でもない者が保証をする際の要件は、単に書面をもってすることでよい、ということではない。これらに準ずる者でもないということになると、この者を保証人とする保証契約は、法形式の観点からは第三者保証であるということになり、事前に公正証書を作成しなければ、効力を有しない。では、保証債務の履行を請求する訴訟において、公正証書の作成は、請求原因たる事実として主張立証されなければならないか。(ここで取り上げる事項は、山野目「民法の債権関係規定の見直しについて/民法の債権関係の改正の5題」司法研修所論集551号〔2017年〕において、さらに考察を試みる。)

公正証書を作成しなければならないとされるのは、主たる債務が、①金銭の貸渡しまたは手形の割引により負担する債務であり、かつ、②事業のために負担するものである場合である(案465条の3第1項・案465条の6第1項)。この要件を遵守せず、公正証書を作成しなかった場合の効果は、保証契約が「効力を生じない」とされる(同項)。ただし、保証人となる者が、「理事、取締役、執行役又はこれらに準ずる者」であり(案465条の9第1号)、または、そのほか民法が例外として列挙して定める者(同条2号参照)である場合には、公正証書の作成を要しない。

2 ひとまず理論的に推してゆくと

　保証債務の履行を請求する訴訟において、原告は、請求原因として主たる債務の成立を主張立証しなければならないから、それにより上記の①・②のうち、①のほうが顕らかとなる。これに対し、主たる債務の原因である消費貸借が主たる債務者の事業のためにするものであることは、請求原因ではなく、そこからは顕らかとならない。①・②の両方の事実が存在するときにのみ、それを個人が保証するには公正証書の作成が必要とされるものであり、①の事実しか顕出していない段階において、公正証書を作成した事実は、請求原因とならない、と考えるべきものである。

　この考え方を前提とする際には、むしろ事業のためにする消費貸借が主たる債務の成立原因であることは、被告である保証人のほうから、抗弁として主張立証することになる。そこで、被告が抗弁として「主たる債務者は、貸渡しを受ける当時、会社であった」という事実を主張すると、原告が、それに対する再抗弁として「公正証書を作成した」と主張立証する、という攻撃防御になる。

　民法34条に鑑み、法人が受ける融資は、その事業のためにするもの以外にありえない、ということが、ここでの考察の前提である。なお、仮に保証人が主たる債務者である株式会社の取締役であった場合は、貸渡しの当時に取締役であった事実も、再抗弁になると考えられる。

3 訴訟運営の実際感覚に即して考えると

　このように理論的には考えられる。けれども、実際に即して考えると、落ち着きの宜しくないものを感ずる。請求原因における主たる債務の成立の主張立証は、実際上、ふつう、「原告は、株式会社某に貸し渡した」という具体の陳述でされる。株式会社であることは、その段階において、訴訟関係者にとっては実際上明瞭である。

　ただし、理論的に厳密にみるならば、この「株式会社某」は、主たる債務者を特定しているにとどまり、たまたま株式会社でない者が株式会社を名乗ることが考えられない（会社法6条3項・7条）から、主たる債務者は株式会社であるということが窺われるにとどまる、ということであると理解される。原告の陳述に「株式会社某」という一句が含まれているからといって、原告が「主

たる債務者が会社であった」という事実を主張していることにもならないであろう。

4　新しいルールの趣旨に立ち返るならば

これらの批判が理論的にみてありうることは、十分に認識しながら論議を進めなければならない。しかし、そうであるとしても、個人保証の弊害に鑑み、その要式行為性を強化しようとする新しい規定の趣旨も忘れてはならない。これを没却しては、本末を誤った解釈であるということになる。

その点も参酌して考えるならば、主たる債務の成立を言う原告の陳述の趣旨からみて、事業のためにする消費貸借であることが訴訟関係上明瞭であると考えられる場合は、その陳述と併せて、それを保証する保証契約が公正証書による意思の確認を経たものであることの主張立証が原告に対し要請されるという考え方も十分に成立可能であると考える。問題提起をしておく。

民法というテキストが伝えようとするもの
法文の表現と訴訟における攻撃防御

民法の法文を「国民一般に分かりやすいものとする」ことは、もとより異論を述べる人はいないことであろう。問題とされなければならないことは、何をもって「分かりやすい」とみるか、ということである。国民一般にとっての「分かりやすさ」は、法律家にとっての「分かりやすさ」と同一方向で考えられることも、異なる感覚を胚胎することもある。

案536条を眺めてみよう。

同条1項の規定案は、契約当事者のいずれにとっても無責である場面の反対給付の履行拒絶権を定めるものである、という趣旨を国民一般に明瞭に伝えることに主眼が置かれた。「当事者双方の責めに帰することができない事由によって」と明言することによって、それが試みられる。このように記すことは、法律家に対し賢慮を要請する。そのように記されているからといって、反対給付の履行を拒絶しようとする者が、これを主張立証しなければならないとは考えられない。単に「債務を履行することができなくなったこと」を主張立証することでよい。

同条2項の規定案をめぐる事情は、もっと複雑である。「債権者の責めに帰すべき事由によって」という要件は、訴訟における攻撃防御において、どのような位置を与えられるか。そのことは、場面を提供する契約の構造に応じ、異なる。売買契約の場合は、こうである。売主から代金を支払え、という請求を受けた買主が、売買目的物が滅失した事実を抗弁として主張するならば、売主は、その滅失が買主の失火によるものであったことを再抗弁として主張立証し、代金支払請求を貫く。これに対し、請負契約の場合は、異なる。報酬請求権を行使する請負人は、請求原因の段階において、仕事の完成に代え、仕事が注文者の事情で遂行不能になった事実を主張立証しなければならない。いずれにしても、債権者の責めに帰すべき事由の存在は法文の振合いのとおりの主張立証が求められるが、その結論は、ここに示すような各契約類型の実体的構造を分析して初めて辿り着くことができる。

あと一つの題材として、案415条1項を取り上げることにしよう。

「債務者がその債務の本旨に従った履行をしない」ことは、典型的な結果債務（売主の目的物引渡しの債務など）の不履行について述べるならば、損害賠償を請求する債権者が主張立証する必要はない。損害賠償請求を受ける債務者が弁済をした事実を主張立証すべきである。ここも、趣旨を国民一般に明瞭に伝えることのために訴訟上の主張立証関係とは異なる法文の表現が選ばれている。

もっとも、手段債務の多く（たとえば適切な診断・治療をする医師の債務）は、債権者のほうにおいて本旨履行がなかったことを根拠づける事実を主張立証するものとする考え方は、十分に成立可能である。むしろ、こちらの場面においては、法文の振合いのとおりの主張立証が妥当することになる。

ここまでに観察した事象を通じ、訴訟における攻撃防御の構造は、各場面における法律関係の実体的構造の分析に努め、それを踏まえ、法文の表現や趣旨を参酌して見定められる。この当然の理は、今までも、そして改正の後も異ならない。

講演2レジュメ

債権法改正と訴訟実務

高須順一

第1 新しい錯誤法理
動機の錯誤の明文化と規範的要件の維持

> （錯誤）
> 法案第95条　意思表示は、次に掲げる錯誤に基づくものであって、その錯誤が法律行為の目的及び取引上の社会通念に照らして重要なものであるときは、取り消すことができる。
> 　一　意思表示に対応する意思を欠く錯誤
> 　二　表意者が法律行為の基礎とした事情についてのその認識が真実に反する錯誤
> 2　前項第2号の規定による意思表示の取消しは、その事情が法律行為の基礎とされていることが表示されていたときに限り、することができる。
> 3　錯誤が表意者の重大な過失によるものであった場合には、次に掲げる場合を除き、第1項の規定による意思表示の取消しをすることができない。
> 　一　相手方が表意者に錯誤があることを知り、又は重大な過失によって知らなかったとき。
> 　二　相手方が表意者と同一の錯誤に陥っていたとき。
> 4　第1項の規定による意思表示の取消しは、善意でかつ過失がない第三者に対抗することができない。

1　原則的規律の内容（95条1項・2項）

錯誤規定は、法制審議会民法（債権関係）部会（以下、「法制審部会」という。）において多くの議論を重ねた項目である。最終的に法案95条は、上記の内容となった。

その結果、錯誤の主張は、たとえば、売主Aが買主Bに対し、売買契約に基づく代金債権の支払いを求め、訴訟を提起するケースを想定した場合、以下のような規律となる。

錯誤の主張（権利障害事実）
① 95条1項1号あるいは2号に該当する錯誤が存在する事実（※1、※2）
② 「その錯誤が法律行為の目的及び取引上の社会通念に照らして重要なものである」事実（※3）
③ 取消しの意思表示をしたこと（※4）

※1　95条1号はいわゆる表示の錯誤であり、2号はいわゆる動機の錯誤である。このうち1号の規律は現行法を引き継ぐものとされるが、特定物売買において特定物ドグマが否定される結果（法案483条）、表示された意思表示の内容を、どのようなものとして理解するかは、特定物ドグマを前提とする現在の理解とは、自ずと異なるものとなる。

※2　今回の改正では動機の錯誤が明文化され、その主張立証責任の所在も明確になる。
　　上記①のうちの2号の場合は、
　　　a 「表意者が法律行為の基礎とした事情についてのその認識が真実に反する錯誤」があることに加え、
　　　b 「その事情が法律行為の基礎とされていることが表示されていた」ことも主張立証しなければならない。

※3　上記②の事実は、その判断の中に、上記①の錯誤が意思表示の取消しを認めるほどのものかどうかという一定の規範的評価を含む判断であり、規範的要件である。したがって、表意者はこの規範的要件を支える評価根拠事実を主張立証すべきことになる。これに対し、相手方当事者は評

価障害事実を主張立証すべきことになる。
※4　改正法は錯誤を取消構成にしている。

2　例外的規律の内容（95条3項）

重過失ある表意者は錯誤取消しを主張できない。ただし、相手方当事者が表意者の錯誤について悪意、重過失であるとき及び共通錯誤が存在する場合については例外的に重過失ある表意者も取消しを主張しうる。現行法95条ただし書あるいは解釈において認められてきたこれらの規律は、法案3項に規定される。従来の有力な見解の明文化である。

表意者の錯誤の主張に対する相手方当事者の反論
①　「錯誤が表意者の重大な過失によるものであった」事実（※1）

※1　この要件も、規範的要件であり、評価根拠事実を主張立証することになる。

上記相手方当事者の主張に対する表意者の再反論
a　相手方が表意者に錯誤があることを知り、又は重大な過失によって知らなかったとき
b　相手方が表意者と同一の錯誤に陥っていたとき

3　第三者保護規定（95条3項）

詐欺取消しに関する現行法96条3項と同様の規律を設けるものである。

第2　債務不履行に基づく損害賠償
　　　帰責事由の維持とその変容

（債務不履行による損害賠償）
法案第415条　債務者がその債務の本旨に従った履行をしないとき又は債務の履行が不能であるときは、債権者は、これによって生じた損害の賠

償を請求することができる。ただし、その債務の不履行が契約その他の債務の発生原因及び取引上の社会通念に照らして債務者の責めに帰することができない事由によるものであるときは、この限りでない。
2　前項の規定により損害賠償の請求をすることができる場合において、債権者は、次に掲げるときは、債務の履行に代わる損害賠償の請求をすることができる。
　一　債務の履行が不能であるとき。
　二　債務者がその債務の履行を拒絶する意思を明確に表示したとき。
　三　債務が契約によって生じたものである場合において、その契約が解除され、又は債務の不履行による契約の解除権が発生したとき。

1　改正法案における帰責事由の内容と判断の構造

(1)　法制審部会においては、当初、帰責事由概念を見直し、端的に免責事由（「契約において引き受けていなかった事由」）を抗弁事実とするという案も検討されたが、主に実務家委員、幹事からの強い反対があった。最終的には、帰責事由概念を維持した上で、その内容について、契約上の債務に関する不履行責任は、契約及び取引上の社会通念に照らして判断する帰責事由であるとし、従来の過失責任主義的な説明とは一線を画することとした。債務者が損害賠償責任を負担するような契約違反行為が存在していたか否かに関する判断である。

契約に照らした帰責事由の有無の判断は、契約の解釈作業と密接に関係する。本来的解釈及び規範的解釈（両者を合わせ、「狭義の解釈」といわれる。）のみならず、補充的解釈も視野に入れた上で、債務者が損害賠償責任を負担するような契約違反行為が存在していたか否かを判断することとなる。

さらに、法案は、取引上の社会通念をも考慮すべきものとする。この点も法制審部会における実務家メンバーの意見が反映されたものである。契約の補充的解釈によっても、取り入れることのできない事実を考慮する余地を残している。その具体的内容としてどのような事実が考慮されることになるかは、今後の訴訟における実際に基づくことになる。

断念された表現である「契約の趣旨」

> 「契約の趣旨」とは、合意の内容や契約書の記載内容だけでなく、契約の性質（有償か無償かを含む。）、当事者が当該契約をした目的、契約締結に至る経緯をはじめとする契約をめぐる一切の事情に基づき、取引通念を考慮して評価判断されるべきものである。

(2)　その上で、この帰責事由の不存在が抗弁であり、債務者が主張立証すべき事実であることを明確にする規定表現となっている。すでに現行法上もそのように理解されてきたところであり、現在の一般的見解を明文化するものである。この抗弁事実は、契約の解釈として考慮されるべき場合にも、規範的解釈や補充的解釈を含むものであり、さらには取引上の社会通念をも取り込んでいるので、規範的要件であり、これらの事実を基礎づける具体的事実が評価根拠事実となる。したがって、原告の再抗弁事実として評価障害事実が想定される。

2　履行遅滞の事実について

法案415条は、「債務の本旨に従った履行をしないとき又は債務の履行が不能であるとき」という文言となっている。しかし、現行法の解釈と同様に、請求原因事実としては履行期を徒過したことで足り、積極的に履行のないことまでを主張立証する必要はないと理解されている。あえて不履行の事実を請求原因とすることを意図したわけではない。要件事実を意識した表現よりも、一般的な分かりやすさを重視した結果である。したがって、法案415条の表現にかかわらず、引き続き、履行遅滞を理由とする損害賠償請求については、不履行の事実までを原告が請求原因として主張立証する必要はなく、履行期の徒過で足りることになる。

第3　解除制度の再構成
　　　催告解除を維持しつつ無催告解除を統合

> （催告による解除）
> 法案541条　当事者の一方がその債務を履行しない場合において、相手方が相当の期間を定めてその履行の催告をし、その期間内に履行がないときは、相手方は、契約の解除をすることができる。ただし、その期間を

経過した時における債務の不履行がその契約及び取引上の社会通念に照らして軽微であるときは、この限りでない。

(催告によらない解除)
法案第542条　次に掲げる場合には、債権者は、前条の催告をすることなく、直ちに契約の解除をすることができる。
一　債務の全部の履行が不能であるとき。
二　債務者がその債務の全部の履行を拒絶する意思を明確に表示したとき。
三　債務の一部の履行が不能である場合又は債務者がその債務の一部の履行を拒絶する意思を明確に表示した場合において、残存する部分のみでは契約をした目的を達することができないとき。
四　契約の性質又は当事者の意思表示により、特定の日時又は一定の期間内に履行をしなければ契約をした目的を達することができない場合において、債務者が履行をしないでその時期を経過したとき。
五　前各号に掲げる場合のほか、債務者がその債務の履行をせず、債権者が前条の催告をしても契約をした目的を達するのに足りる履行がされる見込みがないことが明らかであるとき。

(第2項省略)

1　解除制度の再構成

　解除については、法制審部会における審議は極めて難航し、検討の方向性を見出すことが困難な項目であったが、最終的には、①催告解除制度を独立の規定として維持し、それと無催告解除規定との併存とする、②催告解除、無催告解除いずれについても帰責事由は不要とする、③無催告解除が許される場合の基本を「契約目的不達成」基準とする、という方針となった。
　上記のような規律とした結果、催告解除と無催告解除では解除を認める基準が異なることとなる。法務省資料中に以下のような表が掲げられている。「重大な不履行」か否かで一元的に理解する解除モデルは取り入れられなかったことになる。

催告解除	不履行が軽微ではない （催告解除○）	不履行が軽微 （催告解除×）
無催告解除	契約目的が達成できない （無催告解除○）	契約目的は達成できる （無催告解除×）

　　　　　　　　　　　　　　　　↑　↑　↑
　　　　　催告解除はできる（不履行が軽微ではない）が
　　　　　無催告解除はできない（契約目的は達成できる）

2　催告解除の要件事実

(1)　法案541条は、基本的に現行法と同様の規律である。ただし、現行法は履行遅滞か履行不能かという不履行態様によって区分し、前者を催告解除、後者を無催告解除として規律している。しかしながら、履行遅滞においても無催告解除が可能となる場合があることに鑑み、改正法案は端的に催告解除、無催告解除の規律として整理している。

たとえば、売主が買主に対し、売買契約に基づく売買代金請求訴訟を提起した場合に、買主が抗弁として契約解除を主張するケースを考える。

契約解除の主張（※1）
① 原告の被告（解除権者）に対する目的物引渡債務の発生（※2）
② 被告（解除権者）が相手方に対し債務の履行を催告したこと
③ 上記②の催告後相当期間が経過したこと
④ 被告（解除権者）が上記③の期間経過後に解除の意思表示をしたこと
⑤ 被告（解除権者）が原告に対して上記②の催告以前に売買代金の提供をしたこと

※1　解除の効果については直接効果説、折衷説、間接効果説の諸説があり、それに応じて、権利障害事実、権利消滅事実、権利阻止事実のいずれと理解すべきかの理解について差異が生じる。
※2　この①の事実は、請求原因事実において基礎づけられているはずなの

で、抗弁として具体的に主張するのは、②以下となる。

(2) これに対し、売主は、法案541条ただし書によって、不履行が軽微であることを理由に解除権の不発生を主張することができる。現行541条には、ただし書は規定されていないが、催告をした上であっても解除が許されないような事案が存することは判例法理によって認められており、法案541条ただし書は判例法理の明文化であると説明される。

3 無催告解除の要件事実

　法案542条1項各号の事実に基づき解除の意思表示をしたことが請求原因事実となる。5号の規定が無催告解除の一般的要件を定める受け皿規定となる。この5号による場合には、解除権者は、「債権者が541条の催告をしても契約をした目的を達するのに足りる履行がされる見込みがないことが明らかであるとき」という事実を主張立証しなければならない。

第4 債権者代位権の新しい規律
　　債務者の管理処分権の存続

> （債権者代位権の要件）
> 法案第423条　債権者は、自己の債権を保全するため必要があるときは、債務者に属する権利（以下「被代位権利」という。）を行使することができる。ただし、債務者の一身に専属する権利及び差押えを禁じられた権利は、この限りでない。
> （第2項及び第3項省略）
>
> （債務者の取立てその他の処分の権限等）
> 法案第423条の5　債権者が被代位権利を行使した場合であっても、債務者は、被代位権利について、自ら取立てその他の処分をすることを妨げられない。この場合においては、相手方も、被代位権利について、債務者に対して履行をすることを妨げられない。

1 法案423条の5の規律

　債権者代位権が行使された場合、債務者のその後の権利行使が制限されるかについて現行民法には規定がない。しかし、判例（大判昭和14・5・16民集18巻557頁）は、代位債権者が債務者に代位権行使着手を通知するか、あるいは債務者が着手の事実を了知したときは、債務者は当該債権についての処分権を失うとしている。その結果、債務者は権利行使ができず、以後、債権者のみが権利を行使するというのが現行民法下の一般的理解である。

　これに対し、改正法案423条の5が明文の規律を設け、上記判例法理を変更することとしている。なお、改正民法下において債権者代位権行使後に実際に債務者が権利を行使した場合の取扱い、具体的には、代位債権者が引き続き代位権を行使できるか否かに関しては改正法案に規定は存しない。しかし、債権者代位権行使によっても債務者の処分権は失われない旨を定めるのが法案423条の5の趣旨であり、それ以上に代位債権者の権利行使を否定することまでの効果を導くものではないと考えるべきであろう。

　したがって、債権者代位訴訟提起後に、債務者が自ら権利行使したとしても、それをもって、被告たる第三債務者が何らかの抗弁を主張しうるものではないというべきである。

2 代位権行使に先立ち債務者が権利行使していた場合

　債権者代位権は、あくまで債務者が権利行使をしない場合に、債務者に代わって被代位権利を行使するものである。法定訴訟担当と理解するのが判例及び通説である。

　そこで、代位権行使は債務者の権利行使以前になされなければならない（最判昭和28・12・14民集7巻12号1386頁）。債務者が既に権利行使をしていることは被告の抗弁と考えられてきた。この取扱いについては、法制審部会においても特に変更を意図してはおらず、引き続き抗弁事由と考えるべきである。

3 債務者の訴訟への関与形態

　法案423条の5の規定により債権者の代位権行使後にも債務者の権利行使が認められるとしても、民訴法142条の重複訴訟の禁止の規律には服すべきこと

になる。そこで、債権者代位訴訟提起後は、債務者の別訴提起は許されず、その権利行使は、代位訴訟への訴訟参加により実現されることになる。

第5 詐害行為取消権
否認権との平仄、明治44年判例を修正

（詐害行為取消請求）
法案424条　債権者は、<u>債務者が債権者を害することを知ってした行為の取消し</u>を裁判所に請求することができる。ただし、その行為によって利益を受けた者（以下この款において「受益者」という。）がその行為の時において債権者を害することを知らなかったときは、この限りでない。
2　前項の規定は、財産権を目的としない行為については、適用しない。
3　債権者は、その債権が第1項に規定する行為の前の原因に基づいて生じたものである限り、同項の規定による請求（以下「詐害行為取消請求」という。）をすることができる。
4　債権者は、その債権が強制執行により実現することのできないものであるときは、詐害行為取消請求をすることができない。

（相当の対価を得てした財産の処分行為の特則）
法案第424条の2　債務者が、その有する財産を処分する行為をした場合において、受益者から相当の対価を取得しているときは、債権者は、次に掲げる要件のいずれにも該当する場合に限り、その行為について、詐害行為取消請求をすることができる。
一　その行為が、不動産の金銭への換価その他の当該処分による財産の種類の変更により、債務者において隠匿、無償の供与その他の債権者を害することとなる処分（以下この条において「隠匿等の処分」という。）をするおそれを現に生じさせるものであること。
二　債務者が、その行為の当時、対価として取得した金銭その他の財産について、隠匿等の処分をする意思を有していたこと。
三　受益者が、その行為の当時、債務者が隠匿等の処分をする意思を有

していたことを知っていたこと。

（特定の債権者に対する担保の供与等の特則）
法案第424条の3　債務者がした既存の債務についての担保の供与又は債務の消滅に関する行為について、債権者は、次に掲げる要件のいずれにも該当する場合に限り、詐害行為取消請求をすることができる。
　一　その行為が、債務者が支払不能（債務者が、支払能力を欠くために、その債務のうち弁済期にあるものにつき、一般的かつ継続的に弁済することができない状態をいう。次項第一号において同じ。）の時に行われたものであること。
　二　その行為が、債務者と受益者とが通謀して他の債権者を害する意図をもって行われたものであること。
2　前項に規定する行為が、債務者の義務に属せず、又はその時期が債務者の義務に属しないものである場合において、次に掲げる要件のいずれにも該当するときは、債権者は、同項の規定にかかわらず、その行為について、詐害行為取消請求をすることができる。
　一　その行為が、債務者が支払不能になる前30日以内に行われたものであること。
　二　その行為が、債務者と受益者とが通謀して他の債権者を害する意図をもって行われたものであること。

（過大な代物弁済等の特則）
法案第424条の4　債務者がした債務の消滅に関する行為であって、受益者の受けた給付の価額がその行為によって消滅した債務の額より過大であるものについて、第424条に規定する要件に該当するときは、債権者は、前条第1項の規定にかかわらず、その消滅した債務の額に相当する部分以外の部分については、詐害行為取消請求をすることができる。

（認容判決の効力が及ぶ者の範囲）
法案第425条　詐害行為取消請求を認容する確定判決は、債務者及びその

全ての債権者に対してもその効力を有する。

1 特殊な詐害行為取消類型の明文化（否認権との平仄）

改正法案では、現民法424条に相当する一般的な取消規定を設けることと併せ、①相当の対価を得てした財産の処分行為の特則（法案424条の2）、②特定の債権者に対する担保の供与等の特則（法案424条の3）、そして、③過大な代物弁済等の特則（法案424条の4）という行為類型ごとの規律を設けている。このうち、上記①は破産法161条1項、上記③は同法160条2項と、それぞれ同様の規律を設けるものである。また、上記②についても、破産法162条1項の規律を基本的に踏襲するものであるが、これに本旨弁済行為の詐害行為性認定に関する判例法理（大判大正5・11・22民録22輯2281頁）とされる「通謀的害意」の存在を要件の一つとして加える内容となっている。

これらの規定の新設に伴い、この種の特殊な行為類型に関する詐害行為取消権の成立要件が明確なものになったと理解される。

法案424条の詐害行為取消権の発生原因事実
① 取消債権者の債務者に対する債権の発生原因事実（※1）
② 債務者が債権者を害する財産権を目的とする行為をしたこと（詐害行為）（※2）
③ 債務者の詐害の意思（※3）

※1 取消債権者の債権は、詐害行為より前の原因により発生したものでなければならない（法案424条3項）。「詐害行為より前に発生したもの」という規定内容も検討されたが、被保全債権に係る遅延損害金は詐害行為の後に発生したものであってもよいというのが判例（最判昭和35・4・26民集14巻6号1046頁）であり、また、請負契約に基づく報酬請求権の発生時期については仕事完成時という見解もあるので、これらの点を考慮し、法案424条3項の表現になったものである。
※2 詐害行為性の要件については、債務者が財産権を目的とする行為をしたことと、その行為が債権者を害すること（詐害性）に区分けされる。

前者については現行424条1項は「法律行為」と規定されているが、改正法案424条1項は「行為」としている。従来から詐害行為となるのは法律行為に限らず、時効中断事由としての債務の承認や法定追認行為なども詐害行為となるとされてきたので、単に「行為」とされた。

後者の詐害性は、債務者の行為により責任財産が減少して債権者が完全な弁済を受けることができない無資力になることをいうと説明される。

※3 受益者あるいは転得者の善意は同人らが主張立証すべき抗弁事由となる。

2 特殊な取消類型が定められたことの効用

現行法上は、破産法160条2項、同法161条1項及び同法162条1項のような特殊な詐害行為取消類型に関する規定を欠いていた。そのため、時価相当額をもってする債務者の不動産売却行為の詐害行為性や本旨弁済行為の詐害行為性の判断は、すべて現行民法424条の条項の解釈論として展開され、一定の判例法理が形成されていたところである。これが同条の要件事実を非常に難解なものとしてきた。改正法案は、上記破産法上の否認権に関する規定との平仄を合わせる趣旨で法案424条の2ないし4の規定を新設している。これにより、法案424条の一般的な詐害行為取消権の成立要件については、その解釈がよりシンプルなものとなると期待される。

いわゆる相関関係説に基づく債務者の主観を取り込んだ複雑な詐害行為性の判断をする必要はなくなり、債務者の行為により責任財産が減少して債権者が完全な弁済を受けることができない状態（無資力）になるという上述の詐害行為性の理解に即した判断が可能となると、とりあえずは考えている。

3 効果について

今回の改正では、相対的取消構成が見直され、詐害行為取消請求を認容する確定判決は、債務者及びそのすべての債権者に対してもその効力を有することになる（法案425条）。これは、これまで強固な判例法理（大判明治44・3・24民録17輯117頁）となっていた相対的取消法理を見直すものである。この点は重要な改正である。

第6 終わりに
今回の改正の特徴についての印象

　5年有余に及ぶ法制審部会における審議を通じて、改正の対象となった事項は、約250項目である。まさに平成の大改正である。そのすべてが、立証責任の分配基準たりうる内容の規定となっているのか、あるいは、裁判規範としての民法として適切な要件提示をしているのかと問われれば、これを然りと自信をもって断言することは誰にもできないであろう。

　しかしながら、今回の改正に関与した法制審部会関係者の多くは、いずれも近時の要件事実論の形成に何らかの形で関わり、あるいはその影響を受けている。したがって、その主張立証の対象となる事実が何であるか、その立証責任はいずれが負担すべきであるのかについて、審議会議事録に残るような明確な形でこれを議論した論点項目は比較少数であったとしても、各関係者の発言の前提には、いつも要件事実に関する理解、認識があった。そう説明しても言い過ぎにはならないであろう。

　したがって、改正法案は現行法に比べ、より一層、要件事実論を反映したものとなっている。個人的印象の域を出ない意見であるが、要件事実論との関係で改正作業を振り返った場合、次のような特徴を挙げることができるのではなかろうか。

1　今回の債権法改正の基本方針の一つは、分かりやすい民法というものであった。その意味するところは、120年の長きにわたり形成されてきた数多くの判例法理を明文化するという点に主眼があったが、それでも民法典の表現そのものについても国民一般に親しみやすいものとすることにも一定の注意が払われたのも事実である。そのため、裁判規範としての民法の重要性を理解しながらも、時として、これと一定の距離を置いた議論がなされることがあった。裁判規範としての民法の重要性を理解し、そのための条文表現に腐心しつつも、主権者たる国民一般からみた民法典という視点が、「分かりやすい民法」というスローガンのもとに意識され、その点がより強調された場面があったと理解している。

2　その結果、立証責任の分担を意識し、改正法案をその基準となりうる規定として明文化するという作業は、比較的、端的に実現されたという印象を有している。これに対し、主張立証対象事実を明確にし、それに相応しい条文表現とするという作業は、上記1の視点を重視した結果、一定の後退を余儀なくされたとの印象である。

3　さらに、今回の改正作業のもう一つの方針は、民法典の現代化であった。複雑化した現代社会に応じた民法典を制定しようとすれば、当然のことながら様々な場面に対応しうる条項を用意する必要に迫られる。そのために規範的要件が比較的、多く条項に盛り込まれたと理解している。それが時として、条項の抽象化を招き、マジックワードにすぎないなどと批判されたこともあった。しかし、この種の規範的要件については、改正民法の規範の柔軟性を維持するという点では長所を有しており、この規範的要件を適切に解釈運用することは、まさに民法改正後の実務に課された使命というべきなのであろう。

以上のような特徴を端的に示す規定として、改正法案415条1項を現行415条と対比する形で示すこととしたい。

◎現行415条
　債務者がその債務の本旨に従った履行をしないときは、債権者は、これによって生じた損害の賠償を請求することができる。債務者の責めに帰すべき事由によって履行をすることができなくなったときも、同様とする。

◎法案415条1項
　債務者がその債務の本旨に従った履行をしないとき又は債務の履行が不能であるときは、債権者は、これによって生じた損害の賠償を請求することができる。ただし、その債務の不履行が契約その他の債務の発生原因及び取引上の社会通念に照らして債務者の責めに帰することができない事由によるものであるときは、この限りでない。

コメント

鹿野菜穂子

藤井　俊二

コメント1

鹿野菜穂子

1 はじめに

2 主張立証責任の分配について

(1) 全体について

　法制審議会民法（債権関係）部会の審議においては、主張立証責任に関して明確な形で議論された項目は必ずしも多くはなかったものの、制度全体の在り方および要件論に関する議論は、主張立証責任に関する一定の認識・理解を前提としたものが多かったという高須先生のご指摘については、私も理解を同じくしている。

　そして、改正法案は、現行法に比べると、要件事実を明確に意識し、それを反映した形になっているものが多いということ、しかしながら、他方で、要件事実ないし主張立証責任の振り分けとは距離を置いた条文表現が採られている場合もあるという点も、高須先生、山野目先生のご指摘のとおりである。そして、主張立証責任の分配とは距離を置いた条文表現が用いられたことの理由は主に、その制度ないし条文の趣旨を国民一般に明瞭に伝えることを優先するという配慮にあったという点も、基本的にはそのとおりであると思う。

　したがって結局、改正法案においても、主張立証責任については、条文表現が手掛かりになる場合が多いとしても、それだけによるのではなく、その条文の趣旨さらには実体的法律関係の構造分析によって導かれるべきであるという山野目先生の指摘は、きわめて重要であると思う。

(2) 疑問点

　要件事実的な整理から離れることによって、はたして本当に、国民にとって分かりやすい条文表現になったのか。

ここでは、536条を例にとる。

○１項の問題性
　原始的不能＝無効という考え方を採らないことと並んで、後発的な債務者の帰責事由によらない不能の場合でも、債務者の債務が当然に消滅するわけではないという考え方（→債務の消滅は解除による：債務者に帰責事由がない場合であっても、履行不能の場合には債権者は契約を解除することができる）が前提。
　ただし、解除権を行使する前であっても、債権者は536条１項により、履行拒絶権を行使して、反対給付の履行（売買の場合であれば代金の支払）を拒むことができる（買主側から見ると、売主からの代金請求に対して、買主は、履行不能による解除の抗弁と536条１項の履行拒絶権の抗弁を選択的に提出できる）。
　このように、536条１項の条文表現の変更の背後には、不能および解除をめぐる取扱いの改変があるものと理解している。

・法案では、「当事者双方の責めに帰することができない事由によって」とされている。
　しかし、実際には、双方に帰責事由がない場合だけではなく、債務者に帰責事由がある場合であっても、履行不能に基づく債権者の履行拒絶権は認められるはず。
　また、債権者の帰責事由による場合は、１項に基づく履行拒絶の抗弁に対する再抗弁となり２項に定めがあるので、わざわざ１項に規定する必要はない。
　さらに、山野目先生が既に指摘された（レジュメ４頁〔本書96頁〕）のとおり、この抗弁権は、原始的な履行不能の場合にも適用されうると思われるが、「債務を履行することができなくなったとき」という表現は、その点で誤解を招きうる。
　このように考えると、１項の文言は、国民一般に分かりやすくするという趣旨にも成功していないのではないか。
　より端的に（少なくとも売買を念頭に置いた場合には）、１項で、「債務の履行が不能であるときは、債権者は、反対給付の履行を拒むことができ

る」とし、2項に、「債権者の責めに帰すべき事由によって債務の履行が不能であるときは、債権者は、前項の規定による反対給付の履行の拒絶をすることができない。ただし、……。」とした方が、主張立証責任にも対応し、分かりやすさもむしろ確保できたのではないか。

○2項の問題性
　改正法案536条2項は、従来の536条2項の趣旨を維持するものである。ただ、1項を債権者の履行拒絶権という形で規定したことにより、2項もそれと平仄を合わせて、「……履行を拒むことができない。」とされたものであろう。
　この規定は、売買契約を念頭に置くと、その限りでは理解しやすい。
　しかし、山野目先生が既に指摘されているところ（レジュメ15頁〔本書106～107頁〕）からも分かるとおり、改正法案の2項は、請負や雇用などの契約類型については、条文からは理解が難しい規定となってしまった。

　つまり、従来の536条2項前段は、「債権者の責めに帰すべき事由によって債務を履行することができなくなったときは、債務者は、反対給付を受ける権利を失わない。」とされていた。そして、この規定の下で、債権者の帰責事由による履行不能の場合は、請負については仕事が完成しなくても報酬請求権が発生すると解され（最判昭和32年2月22日民集31巻1号79頁）、雇用契約においては、使用者の帰責事由によって労働者が労務を提供できなかった場合には、対象労働者のその期間中における賃金請求権が認められると解されてきた（最判昭和50年4月25日民集29巻4号481頁参照：使用者は、ロックアウトが正当な争議行為として是認される場合には、その期間中の賃金支払義務を免れるとする）。

　このような取扱いは、今後も維持され、例えば、請負契約については、注文者の責めに帰すべき事由による仕事完成不能の場合、請負人は、「①請負契約の締結、②仕事完成の不能、③履行不能が注文者の責めに帰すべき事由によることを基礎づける事実」を請求原因として、報酬を請求することができるものと考えられる（山野目先生レジュメ15頁〔本書107頁〕参照）。
　しかし、改正法案が、1項との平仄をとるために「……債権者は、反対給付

の履行を拒むことができない。」と規定したことから、今まで以上に、この条文から上記のような報酬請求権の発生が基礎づけられるということが、分かりにくくなったようにも感じられる。

　むしろ、このような契約類型による違いと、条文文言の変更の趣旨を踏まえ、国民への分かりやすさにも配慮するのであれば、例えば、改正法案536条に相当する規定を、売買契約の中に置き、請負等についてはその契約類型に即した形で規定を設けるということも考えられたのではないかとも思う。

〇536条1項の射程？
　売買契約において、売主からの代金支払請求に対し、買主は、履行不能による支払拒絶の抗弁を提出することができる。
　しかし、既に代金の全部または一部が先払いされていたところ、売主の履行が不能になったという事例において、買主が既に払った代金の返還を請求する場合には、やはり、解除権を行使する必要があるということであろうか。

　　履行不能の場合における代金返還請求
　　（請求原因）
　　①売買契約の締結（原告と被告との間で、〇年〇月〇日、被告が甲を〇円で原告に売却する契約を締結したこと）
　　②代金の支払（①の契約に基づき原告は被告に金〇円を支払ったこと）
　　③履行不能（甲が滅失し、被告の債務の履行が不能となったこと）
　　④契約解除（原告は被告に対して……①の契約を解除する旨の意思表示をしたこと）

　つまり、代金の返還を請求するという局面においては、④の解除の意思表示が必ず必要ということになるのか、それとも、536条1項は、このような局面においてもより積極的な機能を持つことが考えられるのであろうか。

3　立証対象事実と規範的要件
(1)　全体として
　改正法案が、要件（立証対象）の明確化を一方で図りながらも、様々な事案

に対応するために、規範的要件が多く残り、または盛り込まれたということ、そのことは、規範の柔軟性を維持するという点では長所でもあるということについて、高須先生のご指摘に同感。

それとの関係で、以下、いくつかの点に触れる。

(2) 帰責事由

改正法案は、解除を帰責事由と切り離したが、債務不履行による損害賠償請求については、帰責事由の不存在を抗弁として残した（しかも、帰責事由の存在が債務不履行による損害賠償請求のための請求原因ではなく、帰責事由の不存在が抗弁であることは、従来の415条の下でも解釈上認められてきたが、改正法案は、その点を、条文構造上もより明確にした）。

もっとも、そこにおける「責めに帰すべき事由」は、かつて長らくいわれてきたところの「過失」とは、区別されるべき概念であるという理解が前提になっている。「契約その他の債務の発生原因及び取引上の社会通念に照らして債務者の責めに帰することのできない事由……」とする文言からも、その点を窺うことができよう。

(3) 契約解釈の重要性

「契約その他の債務の発生原因及び取引上の社会通念」という一節あるいはそれと類似の表現が、415条だけではなく、412条の2（履行不能の判断基準）や、541条ただし書などにも用いられている。直接この一節を用いていない場合でも、帰責事由については、これがかかっているといえよう。

この一節は、契約における履行請求権の限界や、損害賠償請求権の限界を検討する際、第一に契約の趣旨が重視されるべきことを示していると思われるが、この点はいかがか（「取引上の社会通念」がこれと並ぶ考慮要素としてこの条文には掲げられているが、契約の場合には、取引上の社会通念は、既に契約の解釈の中で考慮される要素としての意味が大きいのではないか。あるいは、契約の趣旨とは異なる取引上の社会通念によって、異なる結論が導かれるということがありうるのか）。

また、従来のいわゆる瑕疵担保責任の規定は、「契約不適合」に関する一連の規定に置き換えられたが、そこでは当然、契約が基準となる（従来から、570条の瑕疵は、契約不適合であることは解釈上認められてきたと思われるが、それが、条文の上でも明確化された）。

　これらの点に照らすと、契約の解釈の役割が、今まで以上に重要性を持ち、それが主張立証の対象事実においても影響すると思われるが、いかがか。

(4)　動機の錯誤における「表示」（改正法案95条2項）
　従来、動機の錯誤の顧慮要件として、判例には、動機が「相手方に表示されて意思表示／法律行為（契約）の内容とされた場合」という定式を用いるものが比較的多く見られた。
　これを、法案において明文化するにあたっては、様々な議論が展開されたが、改正法案では結局、「内容化」という文言は用いず、「基礎とされていることが表示されていたとき」という表現を用いた。
　しかし、従来から、判例が動機の「表示」の有無を問題とするときは、単に一方の当事者がその動機を相手方に伝えていたことを意味するのではなく、より規範的な観点から「表示されて意思表示／法律行為の内容になった」と認められるか否かが判断されていたように思われる。
　したがって、今後も、95条2項の「表示」は、そのような規範的要件として捉えられるべきではないかと考えるが、いかがか。

(5)　催告解除の抗弁としての「不履行が軽微」であること（改正法案541条ただし書）
　改正法案は、催告解除（541条）と無催告解除（542条）の規定を書き分け、催告解除については、催告期間を経過すれば契約解除ができることを原則とし、例外として、「その期間［催告期間］を経過した時における債務の不履行が……軽微であるとき」はそれでも解除できないものとした（高須先生レジュメ7頁〔本書113～114頁〕）。
　しかも、これらの解除の規定は、契約不適合による解除の場合にも適用され

る（改正法案584条）。さらに、売買以外の有償契約にも準用される（559条）。例えば、請負についても、従来の635条は削除され、基本的には解除の一般規定によることが予定されている。これによって、土地工作物の完成を目的とした請負において、工事が最終工程まで進み、一応の完成があったが契約不適合という意味での瑕疵があったという場合においても、注文者はこれらの規定に基づいて解除する可能性が生ずることになった。

　もっとも、この催告解除の規定が、契約不適合の場面とりわけ請負の場合に、どのような形で適用されるのかは明確ではない点もあるように思われる。

　例えば、建物の屋根に瑕疵（追完可能な種類のもの）があってこのままでは雨水が侵入するという場合に、催告解除がはたしてどこまでできるのかについて、考えてみよう。

　注文者が、催告解除を主張して、報酬の返還を請求する（請負契約の締結・報酬の支払・目的物の瑕疵・催告・催告期間の経過・解除の意思表示）のに対し、請負人が、不履行が「軽微」であるという抗弁を提出。この場合、「軽微」な不履行といえるのかは、「その契約及び取引上の社会通念」に照らして判断されるとされており（改正法案541条ただし書）、契約類型や契約の目的等も考慮されるはずである。そして、「催告期間を徒過した」という事情は前提としてあるとしても、不適合の大きさ（契約目的への影響の度合い）や、自ら（他の業者に依頼することなどの手段も含め）追完することの容易性なども斟酌すべきではないか。先の例で、雨水の侵入は、建物にとって重大ともいえる。しかし、例えばその原因が瓦の一部破損だけであって、他の建築業者に依頼しても、十分に修補が可能という場合であれば、なお、これは「軽微」な場合に該当し、解除は否定されることになるのではないかとも思われるが、いかがか。

　いずれにしても、解除に基づく主張に対する抗弁としての「軽微性」も、規範的な要件であり、軽微性を基礎づける事実としてどのようなものが含まれうるのかについては、今後、検討が必要であるように思われる。

コメント2

藤井俊二

1　はじめに

　コメンテーターは、本来、報告者よりも力量のある者が務めるべきであろうと考える。民法（債権法関係）改正およびそれに関連する要件事実論を論じる能力は、私には備わっていない。したがって、コメンテーターの任には全く不適任な者が何かを述べているものとして、お聞きいただければ、幸いである。

　以下では、改正案（2016年11月19日においては現在、今臨時国会において、改正案が可決される可能性もあると聞くが、本稿作成時においては未だ議決されてはいない。）において大幅な規定の変更のある危険負担について述べることにする。

2　危険負担について

(1)　契約総則

　a.　現行法の規定

　契約総則に定める危険負担については、従来、講学上、双務契約の存続上の牽連関係といわれ、債権者主義をとっている特定物の物権変動を目的とする契約を除いては、債務者主義の原則が採用されていると、解されている。

　すなわち、債務者主義の原則によれば、当事者双方の責めに帰すことのできない事由によって債務の履行ができなくなったときは、債務者は、反対給付を受ける権利を有しなくなる（現行536条1項）。この規定によれば、当事者双方に帰責事由がないのに、債務の履行が後発的不能に陥った場合には、債務者の履行債務は消滅するが、他方、牽連関係にある相手方の反対給付をする債務も消滅すると説明されるのである。ただし、原始的不能の場合は、債権関係は発生しないと考えられていた。

b．改正案の規定

　既に、山野目報告・鹿野コメントで指摘されているように、原始的不能の場合にも改正案536条1項は適用される、と解されうることになろう。

　従来は、原始的不能の場合には、契約自体の効力が生じないから、売買の例で考えると、買主の代金債務も不成立と考えられえた。

　これに対して、改正案によると、売主が代金請求をしてきたときには、その履行を買主は拒絶するために、危険負担の抗弁を提出することになる。そうすると、売買代金債務は成立していると説明することになるのか、そのような説明は不要ということになろうか？

　後発的不能の場合は、買主の代金債務は存続しており、売主の代金請求に対して、買主は危険負担の抗弁を提出して、代金支払を拒絶することになろう。

　いずれの場合にも、解除をすることによって代金債務履行請求権を消滅させることも可能であることは（改正案542条1項1号）、山野目報告に述べられているとおりである。

(2)　賃貸借における賃料減額

　継続的契約関係である賃貸借において危険負担が問題となるのは、賃借物の一部滅失等による賃料の減額である。

　a．現行法

　現行611条1項は、賃借物が賃借人の過失によらず一部滅失したときは、賃借人はその滅失の割合に応じて賃料の減額を請求することができる、と定めて、危険負担債務者主義をとれば、当然減額されてよいはずのところを、減額請求があって初めて減額されるものとしている。減額の効果は、遡及するものとされるから、発生していた賃料債務が遡及的に消滅することになる。

　しかし、この規定は合理性が乏しいので、一部滅失の場合以外は、できるだけ危険負担の規定（現行536条1項）の原則によるべきであるとされている。

　現行611条1項は、危険負担債務者主義の例外として、賃借人からの減額請求があって初めて減額がされることになる。

賃借人は、賃貸人から賃料請求を受けたときには、賃借物が一部滅失していることおよびそれが賃借人の過失によらないこと、賃料減額の意思表示をしたこと、および減額されるべき額を抗弁として主張・立証しなければならない、とされる。

b．改正案
 改正案611条1項は、「賃借物の一部が滅失その他使用及び収益をすることができなくなった場合において、それが賃借人の責めに帰することができない事由によるものであるときは」と定めて、単に賃借物の滅失の場合に限定せず、その守備範囲を広げて、その他の原因で賃借物の一部を使用収益できない場合にも適用されることとなった。
 さらに、賃料は使用収益をすることができなくなった部分に応じて、当然に減額されることとなった。

 この規定は、現行の危険負担債務者主義の原則に相応している規定とみることもできそうである。しかし、現行の危険負担制度は、後発的不能の場合に適用される制度であり、また、現行611条1項は発生していた賃料の減額を請求するのであるから、後発的な滅失に限られる。
 これに対し、改正案の規定は、原始的滅失等にも後発的滅失等にも適用されるものと解することができるであろう。改正案の規定によると、使用収益をすることができなくなった部分の割合に応じて、減額されるから、現行611条によるように賃借人は減額請求をすることを要しない。したがって、賃料請求を受けた賃借人は、賃借物が一部滅失したこと、それが賃借人の責めに帰することのできない事由に基づくこと、および、減額されるべき額を抗弁として主張・立証しなければならないことになる。当然減額であるから、現行規定の場合とは異なり、減額請求をしたことは主張・立証する必要がない。

(3) 一時的契約と継続的契約
 さて、契約総則に定める危険負担の制度では、反対給付をする債務は消滅せず、債権者は給付を拒絶することができるのみであるが、これに対して、賃貸

借における賃料減額の規定は、賃貸人の給付が不能になった場合には、その不能となった部分の割合に応じた賃料減額がされることになり、その分の賃料債務は、原始的に滅失等が存在していれば、不発生であり、後発的には滅失等が発生したときは、消滅することになる。

　危険負担に関しては、改正案は、契約総則においては、売買契約等の一時的契約を前提として定められたものであり、賃貸借契約のような継続的契約関係には、別の法理をもって規律しようとしたものと捉えることができよう。

　そのことは、全部の履行が不能である場合に関する規定でもみることができる。
　改正案542条1項1号は、債務の履行が全部不能の場合には、債権者は催告することなく、直ちに契約を解除することができる、と定める。したがって、解除するまでは契約は存続していることになる。
　これに対して、賃貸借では、改正案616条の2が、賃借物の全部を使用収益することができない場合には、賃貸借は、当然終了する、と定める。

　以上のように、危険負担をめぐっては、改正案では一時的契約と継続的契約とに別異の法原則が適用され、規定が設けられた、と解することもできる。すなわち、目的物それ自体の対価を代金とする一時的契約である売買等と異なり、継続的契約である賃貸借の対価は目的物の使用収益の継続と対応して発生するものであるからである。そのために、民法614条の規定では、賃料を後払いと定めている、とみることができよう。今回の改正案では、このような対価の発生の仕方の相違が、規定上明確にされたと考える。

要件事実論・事実認定論関連文献

山﨑　敏彦

要件事実論・事実認定論関連文献　2016年版

山﨑敏彦

　この文献一覧は、要件事実論・事実認定論を扱っている文献を、これまでと同様に、大きく、要件事実論に関するもの（Ⅰ）、事実認定論に関するもの（Ⅱ）（⑴民事、⑵刑事、⑶その他）に分けて、著者五十音順・発行順に整理したものである。収録対象は、ほぼ2015年末から2016年末までに公にされた文献である。関連文献の取捨・整理における誤り、重要文献の欠落など不都合がありはしないかをおそれるが、ご教示、ご叱正を賜りよりよきものにしてゆきたいと考える。

Ⅰ　要件事実論

飯村敏明

「特許権侵害訴訟に係る要件事実――損害額の算定を中心にして」伊藤滋夫編『知的財産法の要件事実［法科大学院要件事実教育研究所報第14号］』182頁以下（日本評論社、2016年3月）

飯村敏明

「知的財産法要件事実研究会を終えて6」伊藤滋夫編『知的財産法の要件事実［法科大学院要件事実教育研究所報第14号］』240頁以下（日本評論社、2016年3月）

伊藤滋夫編

『知的財産法の要件事実［法科大学院要件事実教育研究所報第14号］』（日本評論社、2016年3月）

伊藤滋夫ほか

「知的財産法要件事実研究会　議事録」伊藤滋夫編『知的財産法の要件事実［法科大学院要件事実教育研究所報第14号］』1頁以下（日本評論社、2016年3月）

伊藤滋夫

「民法と知的財産法一般との関係及び知的財産法各法に共通する特質——主として後者に関する要件事実論の視点からみた検討」伊藤滋夫編『知的財産法の要件事実［法科大学院要件事実教育研究所報第14号］』74頁以下（日本評論社、2016年3月）

伊藤滋夫

「知的財産法要件事実研究会を終えて1　要件事実論の視点からする知的財産法各法に通底する特質（補論）」伊藤滋夫編『知的財産法の要件事実［法科大学院要件事実教育研究所報第14号］』206頁以下（日本評論社、2016年3月）

伊藤滋夫・岩﨑政明編集

『租税訴訟における要件事実論の展開』（青林書院、2016年8月）

伊藤滋夫

「民事訴訟における要件事実論の概要」伊藤滋夫・岩﨑政明編集『租税訴訟における要件事実論の展開』3頁以下（青林書院、2016年8月）

伊藤滋夫

「租税訴訟における要件事実論のあるべき姿」伊藤滋夫・岩﨑政明編集『租税訴訟における要件事実論の展開』15頁以下（青林書院、2016年8月）

伊藤滋夫

「要件事実・事実認定論の根本的課題—その原点から将来まで（第4回）要

件事実・事実認定基礎理論③—要件事実論とはどのような考え方か」ビジネス法務16巻3号98頁以下（2016年3月）

伊藤滋夫
「要件事実・事実認定論の根本的課題—その原点から将来まで（第5回）要件事実・事実認定基礎理論④—続・要件事実論とはどのような考え方か」ビジネス法務16巻5号116頁以下（2016年5月）

伊藤滋夫
「要件事実・事実認定論の根本的課題—その原点から将来まで（第6回）要件事実・事実認定基礎理論⑤—続々・要件事実論とはどのような考え方か」ビジネス法務16巻7号116頁以下（2016年7月）

伊藤滋夫
「要件事実・事実認定論の根本的課題—その原点から将来まで（第7回）要件事実論の考え方と事実認定論の考え方との異同」ビジネス法務16巻10号82頁以下（2016年10月）

伊藤滋夫
「要件事実・事実認定論の根本的課題—その原点から将来まで（第8回）要件事実論の考え方と事実認定論の考え方との異同②」ビジネス法務16巻11号130頁以下（2016年11月）

伊藤滋夫
「要件事実・事実認定論の根本的課題—その原点から将来まで（第9回）要件事実論の考え方と事実認定論の考え方との異同③」ビジネス法務17巻1号145頁以下（2017年1月）

井上康一
「租税法における『推定』の諸相——推計課税に関する議論の整理を中心と

して」伊藤滋夫・岩﨑政明編集『租税訴訟における要件事実論の展開』134頁以下（青林書院、2016年8月）

今村隆
「不確定概念に係る要件事実論」伊藤滋夫・岩﨑政明編集『租税訴訟における要件事実論の展開』225頁以下（青林書院、2016年8月）

岩﨑政明
「租税訴訟における訴訟物の考え方」伊藤滋夫・岩﨑政明編集『租税訴訟における要件事実論の展開』117頁以下（青林書院、2016年8月）

岩﨑政明
「地方税法における要件事実論」伊藤滋夫・岩﨑政明編集『租税訴訟における要件事実論の展開』456頁以下（青林書院、2016年8月）

上野達弘
「著作権侵害訴訟における依拠性に係る要件事実」伊藤滋夫編『知的財産法の要件事実［法科大学院要件事実教育研究所報第14号］』131頁以下（日本評論社、2016年3月）

上野達弘
「知的財産法要件事実研究会を終えて4」伊藤滋夫編『知的財産法の要件事実［法科大学院要件事実教育研究所報第14号］』229頁以下（日本評論社、2016年3月）

大江忠
『新債権法の要件事実』（司法協会、2016年1月）

大江忠
『要件事実民法(1)総則』（第一法規、第4版、2016年7月）

大江忠

　『要件事実民法(4)債権総論』(第一法規、第4版、2016年9月)

大島眞一

　『新版　完全講義　民事裁判実務の基礎［発展編］──要件事実・事実認定・演習問題』(民事法研究会、2016年10月)

大塚一郎

　「租税法における要件事実論の課題1──弁護士の視点から」伊藤滋夫・岩﨑政明編集　『租税訴訟における要件事実論の展開』163頁以下(青林書院、2016年8月)

岡口基一

　『要件事実問題集』(商事法務、第4版、2016年6月)

岡口基一

　『要件事実マニュアル　第1巻　総論・民法1』(ぎょうせい、第5版、2016年12月)

岡口基一

　『要件事実マニュアル　第2巻　民法2』(ぎょうせい、第5版、2016年12月)

加藤新太郎

　「不法行為訴訟の要件事実論の現在(6)国家賠償法関係訴訟の要件事実」市民と法97号22頁以下 (2016年2月)

河村浩

　「第三者異議訴訟における対抗要件の抗弁をめぐる要件事実（上）──差押えと対抗要件具備との先後関係という時的要素の主張・立証責任」法律時報88巻3号81頁以下 (2016年3月)

河村浩

「第三者異議訴訟における対抗要件の抗弁をめぐる要件事実（下・完）——差押えと対抗要件具備との先後関係という時的要素の主張・立証責任」法律時報88巻4号74頁以下（2016年4月）

河村浩

「要件事実論における法律の制度趣旨把握の方法論——租税特別措置法35条1項の『居住の用に供している家屋』（譲渡所得に関する特別控除）の要件事実の分析を題材として」伊藤滋夫・岩﨑政明編集『租税訴訟における要件事実論の展開』41頁以下（青林書院、2016年8月）

岸田貞夫

「税務における要件事実論の考え方と今後の課題」税理59巻6号2頁以下（2016年5月）

喜多村勝徳

『企業顧問弁護士のための要件事実の作法』（レクシスネクシス・ジャパン、2016年2月）

河野良介

「租税法における要件事実論の課題3——国税局調査審理課における任期付職員経験者の視点から」伊藤滋夫・岩﨑政明編集『租税訴訟における要件事実論の展開』200頁以下（青林書院、2016年8月）

酒井克彦

「法人税法における要件事実論」伊藤滋夫・岩﨑政明編集『租税訴訟における要件事実論の展開』325頁以下（青林書院、2016年8月）

品川芳宣

「租税手続法（国税通則法・国税徴収法）における要件事実」伊藤滋夫・岩

﨑政明編集『租税訴訟における要件事実論の展開』92頁以下（青林書院、2016年8月）

鈴木道夫
「弁護士実務と要件事実論」自由と正義67巻1号24頁以下（2016年1月）

高野幸大
「借用概念と固有概念に係る要件事実論」伊藤滋夫・岩﨑政明編集『租税訴訟における要件事実論の展開』253頁以下（青林書院、2016年8月）

高林龍
「特許侵害訴訟に係る要件事実──文言侵害と均等侵害」伊藤滋夫編『知的財産法の要件事実［法科大学院要件事実教育研究所報第14号］』97頁以下（日本評論社、2016年3月）

高林龍
「知的財産法要件事実研究会を終えて2」伊藤滋夫編『知的財産法の要件事実［法科大学院要件事実教育研究所報第14号］』217頁以下（日本評論社、2016年3月）

田中治
「所得税法における要件事実論」伊藤滋夫・岩﨑政明編集『租税訴訟における要件事実論の展開』297頁以下（青林書院、2016年8月）

谷口勢津夫
「租税回避否認規定に係る要件事実論」伊藤滋夫・岩﨑政明編集『租税訴訟における要件事実論の展開』276頁以下（青林書院、2016年8月）

谷口智紀
「租税特別措置法における要件事実論」伊藤滋夫・岩﨑政明編集『租税訴訟

における要件事実論の展開』403頁以下（青林書院、2016年8月）

永石一郎
「IBM事件からみた法人税法132条の要件事実の構造［東京高裁平成27.3.25判決］」租税訴訟9号345頁以下（2016年4月）

西山由美
「消費税法における要件事実論」伊藤滋夫・岩﨑政明編集『租税訴訟における要件事実論の展開』382頁以下（青林書院、2016年8月）

日本行政書士会連合会中央研修所監修
『行政書士のための要件事実の基礎』（日本評論社、2016年6月）

橋本昇二
「要件事実原論ノート第7章」白山法学（東洋大学法科大学院）12号37頁以下（2016年3月）

牧野利秋
「商標の類似判断の要件事実的考察」伊藤滋夫編『知的財産法の要件事実［法科大学院要件事実教育研究所報第14号］』157頁以下（日本評論社、2016年3月）

牧野利秋
「知的財産法要件事実研究会を終えて5」伊藤滋夫編『知的財産法の要件事実［法科大学院要件事実教育研究所報第14号］』235頁以下（日本評論社、2016年3月）

増田英敏
「課税要件明確主義と要件事実の明確性」伊藤滋夫・岩﨑政明編集『租税訴訟における要件事実論の展開』69頁以下（青林書院、2016年8月）

宮崎裕子

「国際租税法における要件事実論——租税条約における立証責任の転換という手法の採用について」伊藤滋夫・岩﨑政明編集『租税訴訟における要件事実論の展開』426頁以下（青林書院、2016年8月）

桃崎剛

「法科大学院・司法研修所における要件事実教育の現状」自由と正義67巻1号18頁以下（2016年1月）

山田二郎

「相続税法における要件事実論」伊藤滋夫・岩﨑政明編集『租税訴訟における要件事実論の展開』358頁以下（青林書院、2016年8月）

山本敬三

「民法改正と要件事実——危険負担と解除を手がかりとして」自由と正義67巻1号33頁以下（2016年1月）

山本守之

「租税法における要件事実論の課題2——税理士の視点から」伊藤滋夫・岩﨑政明編集『租税訴訟における要件事実論の展開』174頁以下（青林書院、2016年8月）

横山久芳

「著作権侵害訴訟における類似性判断に係る要件事実」伊藤滋夫編『知的財産法の要件事実［法科大学院要件事実教育研究所報第14号］』112頁以下（日本評論社、2016年3月）

横山久芳

「知的財産法要件事実研究会を終えて3」伊藤滋夫編『知的財産法の要件事実［法科大学院要件事実教育研究所報第14号］』223頁以下（日本評論社、

2016年3月）

和田造

「相続税訴訟における要件事実」新潟経営大学紀要22号43頁以下（2016年3月）

Ⅱ 事実認定論

(1) 民事

赤西芳文

「『まかせる』との遺言文言の解釈について、事実認定手法の観点からの一考察――大阪高裁平成25年9月5日判決（判時2204号39頁）を素材として」近畿大学法科大学院論集12号1頁以下（2016年3月）

小泉孝博

「簡裁民事実務研究（60） 少額訴訟における事実認定の際に必要とされる証明度(1)――少額訴訟審理の実体験を踏まえた考察」市民と法101号81頁以下（2016年10月）

小泉孝博

「簡裁民事実務研究（61） 少額訴訟における事実認定の際に必要とされる証明度（2・完）――少額訴訟審理の実体験を踏まえた考察」市民と法102号90頁以下（2016年12月）

篠田省二

「家事調停への要望――事実認定と合理的解決案の策定」判例時報2276号3頁以下（2016年1月）

田中豊

「〈講座〉紛争類型別事実認定の考え方と実務⑱ 借地権または借家権設定契

約③」市民と法97号88頁以下（2016年2月）

田中豊
「〈講座〉紛争類型別事実認定の考え方と実務⑲　土地の所有権をめぐる紛争①──所有権の範囲の認定」市民と法98号81頁以下（2016年4月）

田中豊
「〈講座〉紛争類型別事実認定の考え方と実務⑳　土地の所有権をめぐる紛争②──取得時効における『所有の意思』の認定」市民と法99号76頁以下（2016年6月）

田中豊
「〈講座〉紛争類型別事実認定の考え方と実務㉑　土地の所有権をめぐる紛争③──二重譲渡における『背信的悪意者』の認定」市民と法100号96頁以下（2016年8月）

田中豊
「〈講座〉紛争類型別事実認定の考え方と実務㉒　相続をめぐる紛争①──遺言者の遺言能力の認定」市民と法101号72頁以下（2016年10月）

田中豊
「〈講座〉紛争類型別事実認定の考え方と実務㉓　相続をめぐる紛争②──遺言の解釈」市民と法102号82頁以下（2016年12月）

(2)　刑事

青沼潔
「刑事事実認定重要事例研究ノート（第22回）精神遅滞者（知的障害者）の責任能力について（上）」警察学論集69巻3号166頁以下（2016年3月）

青沼潔

「刑事事実認定重要事例研究ノート（第23回）精神遅滞者（知的障害者）の責任能力について（下）」警察学論集69巻4号129頁以下（2016年4月）

入江猛
「刑事事実認定重要事例研究ノート（第29回）責任能力の判断における精神鑑定について」警察学論集69巻12号136頁以下（2016年12月）

植村立郎
『実践的刑事事実認定と情況証拠』（立花書房、第3版、2016年5月）

内田曉
「刑事事実認定重要事例研究ノート（第20回）裁判例から見たポリグラフ検査」警察学論集69巻1号164頁以下（2016年1月）

宇藤崇
「即決裁判手続と事実認定における『証拠の量』」研修810号3頁以下（2015年12月）

蛯原意
「刑事事実認定重要事例研究ノート（第28回）危険運転致死傷罪の『アルコールの影響により正常な運転が困難な状態』及びその認識について」警察学論集69巻10号144頁以下（2016年10月）

角田雄彦
「情況証拠による事実認定の適正化のために——不確実な間接事実の証拠排除と適切な経験則の利用」白鷗大学法科大学院紀要9号73頁以下（2015年12月）

鹿野伸二
「刑事事実認定重要事例研究ノート（第21回）暴行・傷害事件における常習

性について」警察学論集69巻2号129頁以下（2016年2月）

神谷佳奈子
「ひき逃げ事件において、犯人性及び『酒気帯び』の事実認定が問題となった事案」捜査研究65巻1号（通巻780号）47頁以下（2016年1月）

河原俊也
「刑事事実認定重要事例研究ノート（第19回）詐欺罪の擬律について──保険証の不正利用事案を題材にして」警察学論集68巻12号132頁以下（2015年12月）

菊池則明
「刑事事実認定重要事例研究ノート（第25回）いわゆる対等型共謀共同正犯の認定」警察学論集69巻7号136頁以下（2016年7月）

菅野亮
「密輸事件の審理、事実認定および争点整理の問題点」季刊刑事弁護87号87頁以下（2016年7月）

菅野亮
「検証・刑事裁判（第1回）虚偽供述を十分に信用できると判断した判決の事実認定の問題点」自由と正義67巻10号48頁以下（2016年10月）

田邊三保子
「刑事事実認定重要事例研究ノート（第27回）犯罪収益等に関する事実認定について──特殊詐欺事件を具体例として」警察学論集69巻9号158頁以下（2016年9月）

鳥毛美範
「刑事事実認定における『論理則』の意義と役割（上）」季刊刑事弁護87号

151頁以下（2016年7月）

鳥毛美範

「刑事事実認定における『論理則』の意義と役割（下）」季刊刑事弁護88号107頁以下（2016年10月）

幅田勝行

「刑事事実認定重要事例研究ノート（第24回）暴行・障害の有無」警察学論集69巻5号153頁以下（2016年5月）

浜田寿美男

「『事件』に出会った心理学者（余話その1）──『事実認定学』のために」ミネルヴァ通信　究61号24頁以下（2016年4月）

松井芳明

「刑事事実認定重要事例研究ノート（第26回）正当防衛行為の相当性──有罪・無罪の分水嶺」警察学論集69巻8号147頁以下（2016年8月）

和田恵

「検証・刑事裁判（第2回）虚偽を述べていた少女の供述を信用して事実を誤認した判決（前編）──事実認定上の問題点」自由と正義67巻11号72頁以下（2016年11月）

(3)　その他

石井亮

「暦年贈与における事実認定の落とし穴」税務弘報64巻7号8頁以下（2016年7月）

内堀保治

「図面からの事実認定に関する一考察──知財高平成27年（行ケ）第10037号

事件を契機として」知財管理66巻6号639頁以下（2016年6月）

加登屋毅
「現役職員が語る　実践・自治体法務のポイント（第1回）訴訟における事実認定の重要性について（事実認定と法的判断の区別）」季刊自治体法務研究47号86頁以下（2016年11月）

金井義家
「評価通達の落とし穴──総則6項の適用により否認されるパターンと、その他の事実認定等によるパターン等の比較」税務弘報64巻7号12頁以下（2016年7月）

安井和彦
『逆転裁判例にみる事実認定・立証責任のポイント』（税務研究会出版局、2016年6月）

吉田素栄
「租税法務学会裁決事例研究（第243回）タックスヘイブン税制の適用除外要件をめぐる事実認定」税務弘報64巻3号156頁以下（2016年3月）

　　（今年度の文献検索・整理についても、これまでと同様に、永井洋士氏の協力をいただいた。同氏は、2016年4月1日付けで青山学院大学大学院法務研究科助手に就任し、和解契約につき地道に研究を進めつつ、学部における民法（総則・物権、債権）の講義を担当するとともに、研究科において法曹養成教育の支援にあたってくれている。末尾ながらこれを記すことによって、同氏に対する謝意をあらわすことをお許しいただきたい。）

伊藤滋夫（いとう・しげお）

1932年	名古屋市生まれ
1954年	名古屋大学法学部卒業
1961年	米国ハーバード・ロー・スクール（マスターコース）卒業（LL.M.）
1994年	博士（法学）名城大学

1954年	司法修習生、1956年　東京地・家裁判事補、1966年　東京地裁判事
1995年	東京高裁部総括判事を最後に裁判官を依願退官、弁護士登録（第一東京弁護士会）
2004年	創価大学法科大学院教授
2004年	法科大学院要件事実教育研究所長、2012年～現在　同研究所顧問
2007年	創価大学法科大学院客員教授、2012年　創価大学名誉教授

主要著作

『事実認定の基礎　裁判官による事実判断の構造』（有斐閣、1996年）
『要件事実の基礎　裁判官による法的判断の構造　新版』（有斐閣、2015年）
『ケースブック要件事実・事実認定　第2版』（共編著、有斐閣、2005年）
『要件事実・事実認定入門　裁判官の判断の仕方を考える　補訂版第2刷（補訂）』（有斐閣、2008年）
『基礎法学と実定法学の協働』（法曹養成実務入門講座別巻）（編、信山社、2005年）
『要件事実講義』（編著、商事法務、2008年）
『民事要件事実講座　第1巻から第6巻』（総括編集、青林書院、2005～2010年）
『環境法の要件事実［法科大学院要件事実教育研究所報第7号］』（編、日本評論社、2009年）
『債権法改正と要件事実［法科大学院要件事実教育研究所報第8号］』（編、日本評論社、2010年）
『要件事実論と基礎法学』（編著、日本評論社、2010年）
『租税法の要件事実［法科大学院要件事実教育研究所報第9号］』（編、日本評論社、2011年）
『要件事実小辞典』（編著、青林書院、2011年）
『要件事実の機能と事案の解明［法科大学院要件事実教育研究所報第10号］』（編、日本評論社、2012年）
『家事事件の要件事実［法科大学院要件事実教育研究所報第11号］』（編、日本評論社、2013年）
『不動産法と要件事実［法科大学院要件事実教育研究所報第12号］』（編、日本評論社、2014年）
『商事法の要件事実［法科大学院要件事実教育研究所報第13号］』（編、日本評論社、2015年）
『知的財産法の要件事実［法科大学院要件事実教育研究所報第14号］』（編、日本評論社、2016年）

債権法改正法案と要件事実［法科大学院要件事実教育研究所報第15号］

2017年3月20日　第1版第1刷発行

編　者──伊藤滋夫（法科大学院要件事実教育研究所顧問）
発行者──串崎　浩
発行所──株式会社日本評論社
　　　　〒170-8474　東京都豊島区南大塚3-12-4
　　　　電話03-3987-8621（販売）　FAX03-3987-8590　振替　00100-3-16
印　刷──精文堂印刷
製　本──井上製本所

Printed in Japan © ITO Shigeo 2017　装幀／図工ファイブ
ISBN 978-4-535-52265-7

JCOPY　〈（社）出版者著作権管理機構委託出版物〉
本書の無断複写は著作権法上での例外を除き禁じられています。複写される場合は、そのつど事前に、（社）出版者著作権管理機構（電話03-3513-6969、FAX 03-3513-6979、e-mail:info@jcopy.or.jp）の許諾を得てください。また、本書を代行業者等の第三者に依頼してスキャニング等の行為によりデジタル化することは、個人の家庭内の利用であっても、一切認められておりません。